《危险货物道路运输企业运输事故应急预案编制要求》

《危险货物道路运输企业安全生产管理制度编写要求》

《危险货物道路运输企业安全生产责任制编写要求》

《危险货物道路运输企业安全生产档案管理技术要求》

危险货物道路运输培训丛书

新颁危险货物道路运输企业安全管理标准

（JT/T 911~914—2014）释义

严季　刘浩学　◎主编

人民交通出版社股份有限公司
China Communications Press Co.,Ltd.

内 容 提 要

本书是针对交通运输部2014年新颁布的危险货物道路运输企业安全管理标准《危险货物道路运输企业运输事故应急预案编制要求》(JT/T 911—2014)、《危险货物道路运输企业安全生产管理制度编写要求》(JT/T 912—2014)、《危险货物道路运输企业安全生产责任制编写要求》(JT/T 913—2014)、《危险货物道路运输企业安全生产档案管理技术要求》(JT/T 914—2014)的释义。

本书是指导相关人员全面了解、准确执行上述四个标准的权威性资料,也是学习、宣传并贯彻上述四个标准的重要工具书。

图书在版编目(CIP)数据

新颁危险货物道路运输企业安全管理标准(JT/T 911~914—2014)释义 / 严季,刘浩学主编. — 北京 : 人民交通出版社股份有限公司, 2014.9

ISBN 978-7-114-11694-0

Ⅰ. ①新… Ⅱ. ①严…②刘… Ⅲ. ①交通运输企业-危险货物运输-交通运输安全-安全管理-标准-注释-中国 Ⅳ. ①F512.6-65②U492.8-65

中国版本图书馆CIP数据核字(2014)第203954号

Xinban Weixian Huowu Daolu Yunshu Qiye Anquan Guanli Biaozhun (JT/T 911~914—2014) Shiyi

书　　名: 新颁危险货物道路运输企业安全管理标准 (JT/T 911~914—2014) 释义
著 作 者: 严　季　刘浩学
责任编辑: 钟　伟　刘　博
出版发行: 人民交通出版社股份有限公司
地　　址: (100011) 北京市朝阳区安定门外外馆斜街3号
网　　址: http://www.ccpress.com.cn
销售电话: (010) 59757973
总 经 销: 人民交通出版社股份有限公司发行部
经　　销: 各地新华书店
印　　刷: 北京市密东印刷有限公司
开　　本: 787×1092　1/16
印　　张: 11.25
字　　数: 187千
版　　次: 2014年9月　第1版
印　　次: 2016年7月　第5次印刷
书　　号: ISBN 978-7-114-11694-0
定　　价: 50.00元

前言 PREFACE

为贯彻落实《中华人民共和国安全生产法》、《危险化学品安全管理条例》和《中华人民共和国道路运输条例》等有关国家法律法规关于安全生产的要求，从制度和源头上规范危险货物道路运输企业的安全管理工作，落实企业安全生产主体责任，交通运输部运输司根据部下达的重点软科学项目，组织有关人员开展了《危险货物道路运输企业运输事故应急预案编制要求》、《危险货物道路运输企业安全生产管理制度编写要求》、《危险货物道路运输企业安全生产责任制编写要求》、《危险货物道路运输企业安全生产档案管理技术要求》四个行业标准的研究和编制工作。

2014年6月27日，交通运输部发布了《〈危险货物道路运输企业运输事故应急预案编制要求〉等32项交通运输行业标准和部门计量检定规程的公告》（交通运输部公告2014年第31号）。公告颁布了《危险货物道路运输企业运输事故应急预案编制要求》（JT/T 911—2014）、《危险货物道路运输企业安全生产管理制度编写要求》（JT/T 912—2014）、《危险货物道路运输企业安全生产责任制编写要求》（JT/T 913—2014）、《危险货物道路运输企业安全生产档案管理技术要求》（JT/T 914—2014）等行业标准，该系列标准自2014年11月1日起实施。

为了贯彻落实《中华人民共和国安全生产法》关于"生产经营单位必须执行依法制定的保障安全生产的国家标准或者行业标准"的要求，使危险货物道路运输企业准确掌握并执行上述四个行业标准（以下简称四个标准），也使有关道路运输管理人员在许可和管理工作中正确应用四个标准，保障危险货物道路运输安全，特组织标准编制的主要起草人员编写了本释义。本释义着重对四个标准中所涉及的相关问题进行了较深入和准确的阐述。本释义是指导相关人员全面了解、准确执行四个标准的权威性资料，也是学习、宣传并贯彻四个标准的重要工具书。

本释义由严季、刘浩学担任主编，沈小燕担任副主编，参加编写的人员还有钱大琳、晏远春、张普聪、董倩、杨孟娇、昌梦、黄爽、高洁、张正义、韩伟、文英、张冬梅等。

由于作者水平有限，加之时间仓促，书中难免有不妥之处，敬请有关专家、学者和从事危险货物道路运输的工作者批评指正，以便完善。

目录 CONTENTS

第一章

关于四项交通行业标准制定的说明

第一节　标准制定的目的和意义

随着我国国民经济建设的快速发展,危险货物道路运输的量和种类不断增加。由于受到危险货物理化特性的影响,危险货物道路运输安全风险较大,因此国家在相关法律法规制定过程中均对此有不同方面的要求。为贯彻落实《中华人民共和国安全生产法》、《危险化学品安全管理条例》和《中华人民共和国道路运输条例》等法律法规,从制度和源头上规范危险货物道路运输企业的安全管理工作,2011 年 5 月,交通运输部下达了重点软科学研究项目"道路运输危险货物安全保障标准研究"(编号:2011-318-812-440),并于 2012 年 12 月下发了《关于下达 2012 年度交通运输标准化补充计划的通知》(交科技发〔2012〕769 号),主要研究内容为:研究和编制完成《道路运输危险货物企业安全生产管理　第一部分　安全生产责任制编写导则》、《道路运输危险货物企业安全生产管理　第二部分　安全生产管理制度编写导则》、《道路运输危险货物企业安全生产管理第三部分　安全生产档案管理编制导则》。同时,结合危险货物道路运输的实际情况和形势的发展,交通运输部也开展了危险货物道路运输企业运输事故应急预案编制、培训、演练和修订等相关研究工作。

根据《中国道路运输发展报告》的统计,截至 2012 年年底,我国危险货物道路运输业户(包括企业、单位)有 1.03 万户,危险货物道路运输车辆达 29.8 万辆,危险货物道路运输从业人员达 60 多万人,其中驾驶人员为 54.5 万人、押运人员为 50.5 万人、装卸管理人员为 7.1 万人(注:大多数从业人员具有双证,既有驾驶人员的从业资格,也有押运人员的从业资格)。目前,我国大陆地区每年通过道路运输的危险化学品超过 5 亿 t,约 3000 多个品种,其中易燃易爆油品类达 3 亿 t,液氯超过 600 万 t,液氨超过 500 万 t,剧毒氰化物超过 150 万 t;我国危险货物运输已占年货运总量的 30% 以上。伴随着危险货物运输量和种类的不断增加,危险货物道路运输事故也频频发生,且有逐年增加的趋势。由于危险货物具有易燃、易爆、毒害、腐蚀、放射性等特性,如果在生产、运输、储存、使用的任何一个环节出现问题,都将给人民的生命财产带来重大损失,使得生态环境受到严重污染。

据统计，我国95%以上的危险货物需要运往异地，而其中80%以上都是通过道路运输来完成的。在这种状况下，必须改善危险货物的运输条件，强化危险货物运输安全管理，提高危险货物运输安全性。由于危险货物道路运输企业是危险货物的承运人，而危险货物道路运输事故中多数是因为企业管理原因所致，因此，企业安全管理水平的高低与否，直接决定了危险货物道路运输的安全与否。为此，国家高度重视危险货物道路运输安全，出台了一系列法律法规、部门规章及标准，以规范、强化危险货物道路运输企业安全管理。

一、依法经营和管理

《中华人民共和国安全生产法》第四条规定："生产经营单位必须遵守本法和其他有关安全生产的法律、法规，加强安全生产管理，建立、健全安全生产责任制度，完善安全生产条件，确保安全生产。"第三十二条规定："生产经营单位生产、经营、运输、储存、使用危险物品或者处置废弃危险物品，必须执行有关法律、法规和国家标准或者行业标准，建立专门的安全管理制度，采取可靠的安全措施，接受有关主管部门依法实施的监督管理。"

《中华人民共和国道路运输条例》第二十四条规定："申请从事危险货物运输经营的，还应当符合下列条件：……（四）有健全的安全生产管理制度。"第三十二条规定："客运经营者、货运经营者应当制定有关交通事故、自然灾害以及其他突发事件的道路运输应急预案。"

《危险化学品安全管理条例》第四条规定："危险化学品单位应当具备法律、行政法规规定和国家标准、行业标准要求的安全条件，建立、健全安全管理规章制度和岗位安全责任制度。"第七十条规定："危险化学品单位应当制定本单位危险化学品事故应急预案，配备应急救援人员和必要的应急救援器材、设备，并定期组织应急救援演练。"

《道路危险货物运输管理规定》第八条第四款规定，道路运输危险货物企业许可条件之一为有健全的安全生产管理制度，包括安全生产操作规程、安全生产责任制、安全生产监督检查制度以及从业人员、车辆、设备安全管理制度。第四十九条规定："道路危险货物运输企业应当加强安全生产管理，制定突发事件应急预案。"

上述国家法律和行业管理部门规章均要求危险货物道路运输企业有健全的安全生产责任制和安全生产管理制度，也就是说，建立、健全安全生产责任制和管理制度是法律的要求，是危险货物道路运输企业的法定义务，是企业经营管理的必备条件。

由于上述法律法规和部门规章只能提出纲领性的要求，不可能具体明确何为“健全的安全生产责任制”和“健全的安全管理制度”，也不可能具体明确标准的基本要求和要素是什么。因此，危险货物道路运输企业在制定安全生产责任制和管理制度、编制企业运输事故应急预案时，由于无据可依，所制定的安全生产责任制和管理制度难以满足安全管理的实际需要，编制的企业应急预案有的也出现了错误百出的情况。甚至很大一部分企业，为应付行业管理和相关管理部门的监管，简单制定安全生产责任制和管理制度，在安全生产管理的实践中，未能有效地贯彻实施，应急预案即使在突发运输事故发生后启动，也没有发挥应有的作用。同时，道路运输管理等部门在危险货物道路运输企业许可、监管中，无据可依，无法审核企业提供的安全生产责任制等文本是否符合企业安全生产管理实际，是否达到“健全”和“有效”的要求，以致在危险货物道路运输企业管理的现实中，仅查看企业是否建立了安全生产责任制和安全生产管理制度，无法准确把握企业建立的安全生产责任制和管理制度是否符合要求，也不能很好地运用这些制度，监督和检查企业。在近几年的危险货物道路运输企业安全生产管理以及相关管理部门对企业安全生产监督检查安全生产评估等过程中，发现危险货物道路运输企业安全生产档案的编制和管理也存在诸多问题。

为进一步完善国家法律法规、管理部门规章关于危险货物道路运输企业建立、健全安全生产责任制和安全生产管理制度的规定，强化企业安全生产主体责任的落实，交通运输部决定制定《危险货物道路运输企业安全生产责任制编写要求》、《危险货物道路运输企业安全生产管理制度编写要求》、《危险货物道路运输企业安全生产档案管理技术要求》和《危险货物道路运输企业运输事故应急预案编制要求》系列标准，以进一步提升危险货物道路运输企业安全管理的水平。

二、切实加强危险货物道路运输安全管理

本系列标准的制定和颁布实施，一方面可以为危险货物道路运输企业制定符合安全生产管理实际的安全生产责任制和管理制度等提供参考依据，有利于企业全面落实安全生产主体责任，提高安全管理水平；另一方面，可以为道路运输行业管理等部门在实施企业许可时，提供对安全生产责任制及管理制度较准确文本的审核依据，确保企业建立的安全生产责任制和安全生产管理制度等符

合国家法律法规及部门规章等的要求，同时为道路运输管理机构等政府管理部门日常监管和督查，以及第三方机构安全评估提供依据。因此，本系列标准的制定，对于规范危险货物道路运输企业安全管理，提高企业安全管理水平，规范危险货物道路运输企业运输事故应急预案编制，以及提高其处置事故的能力，最大限度地减少事故的损失，维护社会稳定，促进企业较快协调发展，均具有重要意义。

第二节　标准制定的原则

一、积极采纳安全管理先进理论成果，相关法规、标准及经验

本系列标准充分吸纳了国内关于安全生产责任制、安全生产管理制度以及应急预案编制的理论研究成果，同时也广泛采纳了不同行业建立安全生产责任制、安全生产管理制度的先进经验，以及危险化学品相关行业标准和实施过程中的经验和教训。本系列标准所采纳吸收的法律法规和标准，主要包括《中华人民共和国安全生产法》、《危险化学品安全管理条例》、《道路危险货物运输管理规定》、《危险化学品事故应急救援预案编制导则（单位版）》和相关行业标准等。同时，也借鉴了建筑、电力、大件运输企业的相关企业标准、操作规范和经验总结等。

二、依据我国现行汽车运输相关法规和标准，广泛吸纳企业相关意见和建议

本系列标准主要立足于《道路危险货物运输管理规定》、《汽车运输危险货物规则》（JT 617）和《汽车运输、装卸危险货物作业规程》（JT 618）等相关法规和标准进行编制。近年来，全国危险货物道路运输行业在执行国家和行业法律法规以及相关技术标准过程中，积累了一定的经验，同时也有不少教训。编制小组广泛整理和吸纳了深入调研过程中所搜集的国内危险货物道路运输企业相关意见和建议，使标准具有较强的针对性。

三、立足国内实际运输水平和技术要求，以保证标准的先进性和可操作性

制定本系列标准是在目前国内危险货物道路运输行业亟待规范的情况下进行的，故在本系列标准编制过程中，不仅要力争条款的先进性，而且更要针对国内的实际危险货物道路运输情况和安全管理水平，以及技术要求来保证标准的使用和执行时的可操作性。

四、力求条目和术语清楚准确，内容全面

制定新标准是一个循序渐进的过程，由于危险货物种类繁多，对运输企业安全生产管理和技术要求差异较大，本系列标准的制定在考虑标准编制的一般惯例和基本要求的同时，也兼顾本系列标准的特殊性和行业管理部门、企业在落实安全生产责任制、安全生产主体责任落实、档案管理、应急预案编制和实施中反映的相关问题，力求条目和术语清楚准确，内容尽可能全面。

第三节 标准制定的依据

在本系列标准制定的过程中，编制人员学习、研究了相关国家、行业的法律法规和标准，并通过调查研究、归纳、总结国内部分危险货物道路运输企业安全生产责任制，结合国内外企业安全管理相关资料，在同相关危险货物道路运输企业充分讨论的基础上，起草了本系列标准。

编制人员在调查数家国内较大规模危险货物道路运输企业安全管理规章制度建设的基础上，重点深入研究了危险货物道路运输企业安全管理机构设置、岗位设置、人员配备、业务流程、工作分工、职责划分等，以及危险货物道路运输安全管理广泛存在的问题和安全生产责任制在执行、落实过程中所遇到的相关问题，获得了很多珍贵的第一手资料。

以下是制定本系列标准所引用的标准和参考的文献。

一、引用标准

GB 190　　危险货物包装标志

GB 1598　　道路车辆外廓尺寸、轴荷及质量限值
GB 6944　　危险货物分类和品名编号
GB 7258　　机动车运行安全技术条件
GB 11806　　放射性物质安全运输规程
GB 12268　　危险货物品名表
GB 12463　　危险货物运输包装通用技术条件
GB 13392　　道路运输危险货物车辆标志
GB 13690　　化学品分类和危险性公示通则
GB/T 16483　　化学品安全技术说明书
GB 18218　　危险化学品重大危险源辨识
GB 18564　　汽车运输液体危险货物常压容器（罐体）通用技术条件
GB 18565　　营运车辆综合性能要求和检验方法
GB 20300　　道路运输爆炸品和剧毒学品车辆安全技术条件
GB 30000　　化学品分类和标签规范
JT/T 198　　营运车辆技术等级划分和评定要求
JT 617　　汽车运输危险货物规则
JT 618　　汽车运输、装卸危险货物作业规程
JT 719　　营运货车燃料消耗量限值及测量方法
JT/T 794　　道路运输车辆卫星定位系统车载终端技术要求
DA/T 22　　归档文件整理规则
AQ/T　　生产安全事故应急演练指南

二、参考文献

《中华人民共和国安全生产法》（中华人民共和国主席令第70号）
《中华人民共和国道路交通安全法》（中华人民共和国主席令第47号）
《中华人民共和国职业病防治法》（中华人民共和国主席令第60号）
《中华人民共和国消防法》（中华人民共和国主席令第83号）
《中华人民共和国突发事件应对法》（中华人民共和国主席令第69号）
《中华人民共和国道路运输条例》（国务院令第406号）
《危险化学品安全管理条例》（国务院令第591号）
《放射性物品运输安全管理条例》（国务院令第562号）
《生产安全事故报告和调查处理条例》（国务院令第493号）

《中华人民共和国道路交通安全法实施条例》(国务院令第405号)

《道路货物运输及站场管理规定》(交通运输部令2012年第1号)

《道路危险货物运输管理规定》(交通运输部令2013年第2号)

《放射性物品道路运输管理规定》(交通运输部令2010年第6号)

《公路交通突发事件应急预案》(交公路发〔2009〕226号)

《交通运输突发事件应急管理规定》(交通运输部令2011年第9号)

另外,还参考了国内外典型危险货物道路运输企业有关安全管理的规章制度和操作规范等。

第二章

《危险货物道路运输企业安全生产责任制编写要求》（JT/T 913—2014）释义

第一节 适用范围

本标准规定了危险货物道路运输企业安全生产责任制的编制要求、编制内容及格式和要求等。

本标准适用于危险货物道路运输企业安全生产责任制的编写。使用自备车辆为本单位服务的非经营性危险货物道路运输单位的安全生产管理参照执行。

【依据】

《中华人民共和国安全生产法》第四条规定："生产经营单位必须遵守本法和其他有关安全生产的法律、法规，加强安全生产管理，建立、健全安全生产责任制度，完善安全生产条件，确保安全生产。"

《道路危险货物运输管理规定》第八条第四款规定，危险货物道路运输企业许可条件之一为有健全的安全生产管理制度，包括安全生产操作规程、安全生产责任制、安全生产监督检查制度以及从业人员、车辆、设备安全管理制度。

【释义】本条规定了本标准的内容和适用范围。

第二节 规范性引用文件

因标准原文中的表述已经很清楚，且也简单，不会产生异议，故在此不再赘述。

第三节 术语和定义

3.1 危险货物道路运输企业

从事经营性危险货物道路运输的组织。

【释义】本条规定了危险货物道路运输企业的概念。危险货物道路运输分为经营性和非经营性两种运输性质，本条所定义的危险货物道路运输企业，是指从事经营性的、专业性的危险货物道路运输企业。

3.2 危险货物（也称危险物品或危险品）

具有爆炸、易燃、毒害、感染、腐蚀、放射性等危险特性，在运输、储存、生产、经营、使用和处置中，容易造成人身伤亡、财产损毁或环境污染而需要特别防护的物质和物品。

【释义】本条规定了危险货物的概念。本定义引用了《危险货物分类和品名编号》（GB 6944—2012）对危险货物的定义。

3.3 安全生产责任制

危险货物道路运输的企业负责人及其他从业人员在安全生产方面应负的责任。

【释义】本条规定了危险货物道路运输企业安全生产责任制的概念。为帮助读者理解安全生产责任制，下文对安全生产责任制进行详细介绍。

一、安全生产责任制的概念及内涵

1. 安全生产责任制的概念

企业安全生产责任制就是按照“安全第一、预防为主、综合治理”的安全生产方针和“管生产的同时必须管安全”的原则，将企业的各级管理人员、各职能部门及其工作人员和各岗位生产人员在职业健康安全方面应做的事情、应承担的责任和应享有的权利加以明确规定的一种制度。安全生产责任制是企业安全生产规章制度的核心，是企业岗位责任制的重要组成部分，也是最基本的职业健康安全管理制度。

安全生产责任制是安全生产的责任体系、检查考核标准、奖惩制度的有机统一，要通过建立并落实全员安全生产责任制，实现对安全生产相关单位和个人的制约、监督、检查和评价。

安全生产责任制是企业行政岗位责任制度和经济责任制度的重要组成部分，是企业最基本的安全制度，是企业安全管理工作的中心环节，是企业安全管理“执法”的根本依据。

2. 安全生产责任制的内涵

安全生产责任制的内涵可从以下三个方面加以理解：

(1)安全生产责任制是确保安全生产工作真正落实的一项基本制度。安全生产责任制最重要的作用在于它能以制度的力量来保证安全生产各项工作的落实,这从两个层面可以看出。从制度的层面看,在安全生产工作的制度体系中,安全生产责任制并不是一种具体的工作制度,它所发挥的作用也不是单一和具体的,而是一项基本的制度,处于整个安全生产制度体系中的核心地位。安全生产责任制是其他各种具体制度的"母制度"和"总制度",决定并影响着具体制度的内容、形式、地位及其效果,各项具体制度都必须围绕安全生产责任制所规定的总体目标与总体要求来设计,并为安全生产责任制的落实创造条件、提供保障。从工作的层面看,安全生产工作内容复杂纷繁,在没有任何压力与责任的情况下,很难保证从事安全生产有关各项具体工作的部门、单位甚至个人自动将工作做到位,而安全生产责任制从总体上明确各级各部门各单位甚至个人在安全生产上必须履行的职责与必须承担的责任,从而为安全生产工作的落实提供了最基本和最有效的"规矩"。

(2)安全生产责任制是确保安全生产工作有效到位的一种运行机制。从安全生产工作运行各环节及相互关联情况看,责任到位,工作才能有效到位,也就是说,安全生产工作的组织实施与落实到位,是围绕着责任制这一核心展开的,责任的设定、分解、传导、检查与落实形成了一个有机的整体。第一是责任的设定。责任的设定就是根据相关主体在安全生产工作过程中所处的地位、权限,分别确定他们各自必须承担的责任。从理论上而言,安全是安全生产工作相关各要素保持和谐匹配的一种状态,而实现和维持这一状态的过程则极为复杂并有大量的参与者、相关者,他们其中一个极为细微的不安全行为都可能破坏这种状态并导致事故的发生。因此,必须对安全生产工作相关参与者所处岗位的安全生产责任进行明确,以约束他们的行为,确保其行为的规范。第二是责任的分解。从一个地区、部门或单位来看,安全生产责任表现为一种整体的责任,即维持安全生产形势的稳定是一个地方、部门或单位主要负责人的法定职责,但主要责任人的职责显然又不仅仅局限于维持安全生产形势的稳定,因此,无论是一级政府或政府的一个部门,还是一个生产经营单位或生产经营单位的一个部门,都必须将自己承担的安全生产整体责任一层一层、一个方面一个方面地进行分解,使安全生产工作的各相关参与主体都承担相应、明确、具体的责任。第三是责任的传导。安全生产的责任传导表现为安全生产的各项部署、决策及措施能在各级各有关部门得到认同、重视、贯彻与落实,各相关的主体确实将抓好安全生产当作关系自己切身利益的工作加以落实,安全生产的各项部署、决策及措施才能产生应有的效应。第四是责任的检查。检查是确保责任制落实的一个重要环节和重要手段，没有进行必要检查的责任制是形式主义的责任制，是毫无约束力的责任制，在责任制的落实过程中，通过必要的检查，可以及时发现责任制在落实中存在的问题，并及时采取有力措施加以解决，督促有关主体依照责任制的内容要求履行自己必须履行的职责，做好自己该做好的工作。

（3）安全生产责任制是确保安全生产工作正常运行的一个保证体系。目前，有关方面对于安全生产责任制的认识与理解还存在简单化、形式化的问题，不少地方、部门和企业将建立安全生产责任制仅仅理解为政府与政府的有关部门、政府与企业或政府与企业内部上下级之间所签订的安全生产责任书或责任状，以为签订了责任书或责任状就是建立了安全生产责任制，结果是将建立责任制变为签订责任书或下达责任状的一个仪式或一场会议中的一项议程，这种以责任书或责任状代替责任制的做法完全违背或偏离了责任制的基本原则，是导致安全生产责任制难以真正落实到位甚至流于形式的一个深层原因之一。系统论的观点认为，一个完整的系统通常要包括三个特征，一是一个系统通常要包含两个以上的要素（或子系统），二是要素或子系统之间必须要有一定的相互联系，三是要素或子系统之间的相互联系及供求关系产生特定或相应的功能。同样，安全生产责任制也是一个相对完整的系统，从其内部各有关要素及其相互关系看，它应有两个层面：一个是由责任内容、责任目标、责任形式、责任要求、监督检查、保障措施方面所构成的责任运行与责任保障体系；二是形成以层层负责为主要内容的责任落实保障体系，即下一级比上一级落实措施更具体，以下一级的落实来保证上一级落实，上一级对下一级的责任制落实情况进行监督检查，由此构建一个“横向到边、纵向到底”的责任保证体系。

二、安全生产责任制的重要性

企业的安全生产涉及企业的全员、全过程、全方位。在生产过程中，如果存在人的不安全行为、物的不安全状态，以及人员工作职责不清、相互推诿，安全生产劳动保护工作无人负责等情况，事故就会不断发生。要控制事故的发生，就要控制好与生产有关的各个因素、各个环节。只有把“安全生产人人有责”首先从制度上固定下来，增强各级管理人员、作业人员的责任心，才能真正做到作业现场人员职责清晰、各司其职、各尽其责，做到事事有人管、层层有把关，才能真正把安全生产的责任落到实处，使安全管理成为纵向到底、横向到边、责任明确、协调配合的有机整体，才能真正做到企业的安全生产平稳，杜绝事故发生。

建立健全安全生产责任制度在安全工作中占有相当重要的地位。实践证明，凡是建立、健全了安全生产责任制的企业，各级领导重视安全生产、劳动保护工作，切实贯彻执行党的安全生产方针、政策和国家的劳动保护法规，在认真负责地组织生产的同时，积极采取措施，改善劳动条件，工伤事故和职业病就会减少。反之，职责不清，互相推诿，劳动保护工作无人负责，无法进行，工伤事故和职业病就会不断发生。因此，在建立、健全管理制度的同时，也要严格地建立安全生产责任制，并认真负责地贯彻执行。

三、安全生产责任制的发展现状

1. 安全生产责任制的发展历程

安全生产责任制度是企业各项安全管理制度中的基本制度。建立、健全安全生产责任制度是企业内部强化安全生产责任意识不可缺少的中心环节。同时它也是我国多年来行之有效的制度，是实现安全生产工作制度化、规范化、科学化的重要手段。要想把“安全第一、预防为主、综合治理”的安全生产方针真正落实到实处，确保安全工作事事有人抓、层层有人管，必须建立并落实安全生产责任制度，确保整个生产经营体系顺利、安全地运转。

安全生产责任制的提出由来已久，从 20 世纪 50 年代起，我国就将安全生产责任制作为搞好安全生产工作的一项重要措施来抓。1954 年 11 月，在劳动部与中华全国总工会联合召开的劳动保护座谈会上就明确提出各级企业领导人必须贯彻“管生产的管安全”原则，并开始在企业建立安全生产责任制度。1963 年 3 月 30 日《国务院关于加强企业生产中安全工作的几项规定》对企业安全生产责任制的问题作出明确规定，要求“企业单位的各级领导人员在管理生产的同时，必须负责管理安全工作，认真贯彻执行国家有关劳动保护的法规和制度，在计划、布置、检查、总结、评比生产的时候，同时计划、布置、检查、总结、评比安全工作”，“企业单位中的生产、技术、设计、供销、运输、财务等各有关专职机构，都应该在各自业务范围内，对实现安全生产的要求负责”。1970 年 12 月 11 日《中共中央关于加强安全生产工作的通知》要求“各级党组织要把安全生产摆在重要议事日程上来，对工作不负责任以致造成重大事故，分别情况，追究责任，情况严重的，以党纪国法论处”。1975 年 4 月 7 日国务院批转《全国安全生产会议纪要》，要求“迅速改变安全工作无人负责现象，管生产的必须管安全，行之有效的安全制度必须执行”。1978 年 10 月 21 日《中共中央关于认真做好劳动保护工作的通知》要求“迅速把各级安全生产责任制建立健全起来。要做到职责明确，赏罚分明”。1986 年 7 月 4 日《国务院关于加强工业企业管理若干问题的决定》明确“厂长（或经理）对企业的安全生产负有全面责任”。1988 年 7 月 24 日《国务院关于加强交通运输安全工作的决定》要求“各级领导一定要认真贯彻安全第一、预防为主的方针，实行领导负责制”、“建立健全安全责任制”。1997 年 10 月 20 日《国务院办公厅转发劳动部关于认真落实安全生产责任制意见的通知》首次专门、全面对安全生产责任制的落实问题作出规定，强调“安全生产是关系国家和人民群众生命财产安全、关系经济发展和社会稳定的大事，各地区、各有关部门（行业）和企业务必把这项工作列入重要议事日程，切实抓紧抓好。要按照‘企业负责、行业管理、国家监察、群众监督和劳动者遵章守纪’的总要求，以及管生产必须管安全、谁主管谁负责的原则，建立健全安全生产领导责任制并实行严格的目标管理。行政正职和企业法定代表人是安全生产第一责任人，对安全生产工作应负全面的领导责任；分管安全生产工作的副职应负具体的领导责任；分管其他工作的副职，在其分管工作中涉及安全生产内容的，也应承担相应的领导责任。各企业要严格按照国家关于安全生产的法律、法规和方针政策，制定详尽周密的安全生产计划，健全各项规章制度和安全操作规程，落实全员安全生产责任制”。2002 年 6 月 29 日颁布的《中华人民共和国安全生产法》第四条关于“生产经营单位必须加强安全生产管理，建立、健全安全生产责任制，完善安全生产条件，确保安全生产”的规定，首次从法律上确立了安全生产责任制的地位及作用。2004 年 1 月《国务院关于进一步加强安全生产工作的决定》明确要求“地方各级人民政府要建立健全领导干部安全生产责任制，特别要加强县乡两级领导干部安全生产责任制的落实”。2006 年 3 月 27 日下午中共中央政治局进行第 30 次集体学习，胡锦涛总书记在主持学习时强调，安全生产关系人民群众生命财产安全，关系改革发展稳定的大局，并指出“加强安全生产工作，关键是要全面落实安全第一、预防为主、综合治理的方针，做到思想认识上警钟长鸣、制度保证上严密有效、技术支撑上坚强有力、监督检查上严格细致、事故处理上严肃认真。在工作中要重点抓好以下几点：一是要坚决落实安全生产责任制，安全生产责任重于泰山，明确责任、落实责任，是加强安全生产工作的根本途径；二是要完善安全生产管理的体制机制，强化和落实安全生产责任制，严格执行安全生产的各项规章制度，努力形成安全生产的长效机制”。

可见，安全生产责任制是随着安全生产问题的日益突出而引起重视的，也随着安全生产工作的不断强化而逐步健全与完善的，而安全生产责任制的不断健全与完善，对促进我国安全生产形势总体趋于平稳发挥了重要的作用。

2. 安全生产责任制落实的现状

近年来，一些重大、特大危险货物道路运输事故时有发生，如：2005 年 3 月 29 日发生的“3·29”液氯泄漏事故，2008 年 2 月 18 日发生的危货车辆与客车相撞、液态苯泄漏并起火燃烧事故等，都造成了重大人员伤亡和财政损失。这些事故的发生，充分说明了危险货物道路运输企业目前安全生产责任制落实的现状还不尽如人意。

(1)安全生产责任制度不完善。首先，安全生产责任制流于形式，有制度，无落实。由于法律法规对企业建立、健全安全生产责任制有要求，但对安全生产责任制的内容无具体标准，企业只是应付性地制定安全生产责任制，既无针对性也无操作性，紧紧停留在“写在纸上，挂在墙上”。其次，安全生产责任制变成专业安全职能部门、生产部门的责任制，只重视安全管理和运输生产人员的安全生产责任落实，而对其他非生产部门、其他人员没有提出相应要求。再次，安全生产管理没有做到全员、全方位、全过程，对运输生产过程重视，但是放松了企业日常的安全管理。

(2)安全管理目标不合理。大多数危险货物道路运输企业在设定安全管理目标时，定性的居多、定量的居少，缺乏量化指标，在实施过程难以界定安全管理的实际效果。还存在只针对生产部门制定安全管理目标，非生产部门安全管理目标不明确的现象。在分解安全管理目标时，企业安全第一责任人与各二级单位安全第一责任人签订的安全责任书中所量化的安全目标，与企业要达到的安全目标不一致、不相符，有的甚至低于企业的安全目标。逐级签订安全责任状后，虽然形成了自上而下、分级控制的形式，但一级保一级的良好安全工作格局尚未真正实现，执行层的安全目标和安全责任的落实流于形式。

(3)安全生产奖惩考核制度不完善。对安全目标实现与否的奖惩规定不明确、不细致、操作性不强。安全目标考核体系未真正做到安全生产奖惩及时按标准兑现。执行和落实安全生产责任制时，常常出现一刀切的现象。企业发生事故时，往往只处罚生产部门及有关作业人员，非生产人员的奖金分文不受影响；而企业实现安全生产目标时，所有人员都受奖。在企业的生产过程中，生产作业越多，生产任务越重，作业人员发生事故的根率就越大，受处罚的概率也就越大，最终会导致生产人员心理失衡。

3.4 安全生产“一岗双责”

每个工作岗位，应负责本岗位职责，还要对本岗位的安全生产工作负责。

【释义】本条对安全生产“一岗双责”进行了定义。

"一岗双责"是安全生产责任制的核心制度。国务院《转发劳动部关于认真落实安全生产责任制意见的通知》（国办发〔1997〕36 号）规定，要按照"企业负责、行业管理、国家监察、群众监督和劳动者遵章守纪"的总要求，以及管生产必须管安全、谁主管谁负责的原则，建立健全安全生产领导责任制并实行严格的目标管理。"管生产必须管安全、谁主管谁负责"就是落实安全生产责任制的原则，这里的"生产"应广义地理解为"工作"。企业每位员工都有自己的工作岗位，因而可推导出"安全生产人人有责"和安全生产"全员负责制"、"一岗双责"的说法。谁负责什么工作，就要对其所负责的工作内容所涉及的人员、机械、材料、操作方法、作业环境、监测监督、操作过程等所有方面负全面安全生产责任，落实各方面的安全责任。国务院《关于进一步加强安全生产工作的决定》（国发〔2004〕2 号）明确要求各地人民政府、企业实行安全生产"一岗双责"制度。

3.5 安全生产费用

企业按照规定标准提取，专门用于完善和改进企业安全生产条件的资金。

【释义】本条是对安全生产费用的定义。

财政部、国家安全生产监督管理总局《企业安全生产费用提取和使用管理办法》（财企〔2004〕12 号）确立了安全生产费用提取制度。《企业安全生产费用提取和使用管理办法》第二条规定："在中华人民共和国境内直接从事煤炭生产、非煤矿山开采、建设工程施工、危险品生产与储存、交通运输、烟花爆竹生产、冶金、机械制造、武器装备研制生产与试验（含民用航空及核燃料）的企业以及其他经济组织（以下简称企业）适用本办法。"第三条规定："本办法所称安全生产费用（以下简称安全费用）是指企业按照规定标准提取，在成本中列支，专门用于完善和改进企业或者项目安全生产条件的资金。安全费用按照'企业提取、政府监管、确保需要、规范使用'的原则进行管理。"交通运输企业应提取安全生产费用，专门用于安全生产投入。《企业安全生产费用提取和使用管理办法》第九条规定："危险货物道路运输企业应以上年度实际营业收入为计提依据，按照 1.5% 的标准平均逐月提取。"

3.6 安全生产管理机构

危险货物道路运输企业专门负责安全生产监督管理的内设机构。

【释义】本条是对安全生产管理机构的定义。

企业应根据法律法规要求及安全生产管理需要，设置安全生产管理机构。《中华人民共和国安全生产法》第十九条规定："矿山、建筑施工单位和危险物品的生产、经营、储存单位，应当设置安全生产管理机构或者配备专职安全生产管理人员。前款规定以外的其他生产经营单位，从业人员超过三百人的，应当设置安全生产管理机构或者配备专职安全生产管理人员；从业人员在三百人以下的，应当配备专职或者兼职的安全生产管理人员，或者委托具有国家规定的相关专业技术资格的工程技术人员提供安全生产管理服务。”危险货物道路运输企业从业人员超过300人的，应依法设置专门的安全生产管理机构或者配备专职安全生产管理人员。由于危险货物道路运输的特殊危险性，企业从业人员未达到300人的，也应设置安全生产管理机构，强化企业安全管理。

第四节 编制要求

4.1 应符合国家和行业有关安全生产法律、行政法规及技术标准的要求，遵循“安全第一、预防为主、综合治理”的方针要求。

【释义】本条规定了安全生产责任制建立的基础和遵循的方针。

编制安全生产责任制，应遵守国家和行业有关安全生产法律、行政法规、技术标准和“安全第一、预防为主、综合治理”的方针要求。

“组织机构清晰、岗位职责明确”及“生产任务科学细分、安全工作内容系统全面清晰”是安全生产责任制建立的两个基本前提，只有组织机构、岗位设置明确，生产任务分工合理，流程规范，才能制定出科学合理、操作性强的安全生产责任制。根据企业组织结构、企业安全管理职责，将企业安全管理职责划分为“决策、执行、监督”三大类，参照“三权分立制[1]”模式，建立“决策责任、执行责任、监督责任”为基础的安全生产责任制框架，形成完善的安全生产管理体系。

4.2 安全生产责任制应结合企业实际，满足“安全生产‘一岗双责’”的原则，分类和分级制定。

【释义】本条规定了“安全生产‘一岗双责’”的原则。

安全生产责任制的建立应符合“安全生产人人有责”和安全生产“全员负责制”、“一岗双责”等基本原则，具体来说，可以细分为下列原则：坚持“安全第一、预防为主、综合治理”工作方针，遵守国家安全生产的法律、法规、行政规章及国

[1] 崔玉章．如何加强企业安全生产责任制的落实[J]．建筑安全，2009(9)：13-15.

家、行业标准；坚持“统一领导、分级管理、分类指导、主体负责、全员参与、持续改进”的安全生产管理体制；坚持主要负责人（一把手）为安全生产第一责任人，对本单位安全生产工作负总责的原则；在计划、布置、检查、总结、考评业务经营时，必须同时计划、布置、检查、总结、考评安全生产管理工作，即坚持“五同时”原则；坚持“一岗双责”、“管生产必须管安全”的原则；坚持事故处理“四不放过”的原则；坚持逐步达到专业、科学、体系化安全管理，努力实现本质安全的原则。

4.3 企业安全生产责任制应至少包括下列内容：

a） 安全生产目标；

b） 安全生产管理机构；

c） 安全生产岗位；

d） 安全生产责任考核；

e） 安全生产责任奖惩；

f） 附则。

【释义】本条规定了安全生产责任制的主要内容。

企业安全生产责任制应至少包括下列内容：安全生产目标、安全生产管理机构、安全生产岗位、安全生产责任考核、安全生产责任奖惩等内容。

1. 安全生产目标

安全生产目标管理是企业或项目根据企业的总体规划要求，制定出在一定时期内安全生产方面所要达到的预期目标的管理。

2. 安全生产管理机构

安全生产管理机构指的是生产经营单位专门负责安全生产决策、监督管理的内设机构。安全生产管理机构的作用是落实国家各项安全生产法律法规，负责企业安全生产政策、方针、规划和制度制定，组织单位内部各项安全生产检查活动，负责日常安全生产检查，监督安全生产责任制落实等。

3. 安全生产岗位

安全生产岗位是企业根据生产和管理的需要设置的工作岗位。根据“管生产必须管安全、谁主管谁负责”、“一岗双责”的原则，安全生产岗位在履行生产职责的同时，还要履行该岗位应当承担的安全职责。

4. 安全生产责任考核

企业安全生产责任制按责、权、利相结合的原则，把安全生产纳入经济责任制考核内容，根据安全管理职责、管理目标和措施要求进行考核，确保安全生产责任落实。

5. 安全生产责任奖惩

企业在安全生产考核的基础上，以一定的物质和精神激励为手段，做到奖惩并举，奖优惩劣，从而激发企业职工安全管理的主观能动性。

第五节 编制内容

5.1 总则

安全生产责任制总则部分应至少包括以下内容：

a） 制定依据；

b） 适用范围；

c） 基本原则。

【释义】本条规定了安全生产责任制总则部分应具有的基本内容。

制定依据是指企业制定安全生产责任制的基本依据，一般包括国家安全生产法律、法规、规章，以及企业安全生产决策文件、安全生产规划等。

适用范围是指根据企业安全生产发展、安全管理需要，决定的安全生产责任制的适用对象、边界等。

基本原则是指制定安全生产责任制应当遵循的原则，一般来说，安全生产责任制的建立应符合"安全生产人人有责"和安全生产"全员负责制"、"一岗双责"等基本原则。

5.2 安全生产目标

5.2.1 目标设定

安全生产目标设定应至少包括以下内容：

a） 运输责任事故控制目标；

b） 运输安全管理工作目标。

5.2.2 目标分解

将安全生产目标和责任分解到企业有关安全生产管理机构和岗位。

5.2.3 目标执行

有关安全生产管理机构和岗位应按照目标分解，落实安全责任、投入和措施，实现企业安全生产目标。

5.2.4 目标监督检查

依据企业安全生产目标，对有关安全生产管理机构和岗位安全生产目标完成情况进行监督、检查的方法。

【释义】本条规定了安全生产目标的设定、分解、执行、监督检查等内容。

安全目标管理是企业根据自身总体规划要求，制定出一定时期内安全生产方面所要达到预期目标的管理。危险货物道路运输企业安全管理的科学方法，首先是确定科学的安全管理目标，然后在目标指导下优化安全管理体制、机构及安全生产责任体系。安全生产责任制与安全目标管理相结合，依据量化的安全工作目标，安全生产任务（职责），才能落到实处。两者结合，既能增强实效，又能减少工作量。安全管理工作的目的，是尽最大可能避免和减少造成人员伤亡以及财物损失的各种事故，确保安全、文明、高效地进行运输生产。单纯用百万公里死亡率或经济损失作为控制指标，虽然可以明确地反映出危害最大的事故——死亡事故或经济损失及其与运输生产量的关系，但这显然是不全面的，也不利于系统全面地提升运输安全水平。因此，企业安全生产目标，既要设定运输事故（包括交通事故、场内装卸车事故等）量化指标，同时要设定反应安全管理综合水平的指标；既要设定短期安全生产目标，又要设定长期安全生产目标。安全生产目标的设定要尽量量化，便于目标的落实与考核。本标准将安全生产目标分为：安全生产事故控制目标、安全生产工作目标。

5.3 安全生产管理机构

5.3.1 安全生产管理机构设置

企业根据法律法规要求及安全生产管理需要，设置的安全生产管理机构，至少应包括安全生产决策机构和安全生产管理部门。

5.3.2 安全生产决策机构安全职责

安全生产决策机构安全职责应至少包括：

a） 负责领导本企业的安全生产工作；

b） 研究决策本企业安全生产的重大问题；

c） 贯彻执行国家和行业有关安全生产法律、法规、规章和标准的要求；

d） 研究、审议和批准安全生产规划、目标、管理体系、安全管理机构设置、安全投入、安全评价等安全管理的重大事项。

【释义】本条规定了安全生产管理机构的职责。

企业应根据法律法规要求及安全生产管理需要，设置安全生产决策、执行和监督等机构，承担相应安全生产责任。企业安全生产管理机构分为安全生产决策机构和安全生产管理机构，以及根据“一岗双责”的原则，非直接参与运输生产的其他部门，如人力资源、财务等部门。

《中华人民共和国安全生产法》第十八条规定：“生产经营单位应当具备的安全生产条件所必需的资金投入，由生产经营单位的决策机构、主要负责人或者个人经营的投资人予以保证。”企业根据法律法规要求及企业安全生产管理需要设置安全生产决策机构，根据企业组织机构设置不同，安全生产决策机构的称谓也不尽相同，如安委会、安全生产领导小组等。安全生产决策机构安全职责应至少包括：

(1)负责领导本企业的安全生产工作；

(2)研究决策本企业安全生产的重大问题；

(3)贯彻执行国家和行业有关安全生产法律、法规、规章和标准的要求；

(4)研究、审议和批准安全生产规划、目标、管理体系、安全管理机构设置、安全投入、安全评价等安全管理的重大事项。

5.3.3 安全生产管理部门安全职责

安全生产管理部门的职责应至少包括：

a) 贯彻落实安全生产决策机构有关安全生产决定和管理措施；

b) 组织制定(修订)和执行安全生产管理制度、操作规程、安全生产工作计划、安全生产费用预算、应急预案等；

c) 组织召开安全会议，开展安全生产活动，提出安全生产管理建议；

d) 负责安全生产工作的监督、检查、考核、通报；

e) 负责安全设施、设备、防护用品管理与发放；

f) 负责车辆维护、保养和维修；

g) 危险货物受理、审核及相应营运手续办理；

h) 制定运输组织方案及车辆人员调度；

i) 专职安全管理人员、从业人员的审核、聘用、奖惩、解聘、劳动安全、职业健康等；

j) 负责运输事故现场协调、配合、调查与报告；

k) 安全生产管理档案建立、信息统计等。

【释义】本条规定了安全生产管理部门的职责。

安全生产管理部门为公司安全生产综合管理的职能部门。《中华人民共和国安全生产法》第十九条规定：“矿山、建筑施工单位和危险物品的生产、经营、储存单位，应当设置安全生产管理机构或者配备专职安全生产管理人员。前款规定以外的其他生产经营单位，从业人员超过三百人的，应当设置安全生产管理机构或者配备专职安全生产管理人员；从业人员在三百人以下的，应当配备专职或者兼职的安全生产管理人员，或者委托具有国家规定的相关专业技术资格的工程技术人员提供安全生产管理服务。"危险货物道路运输企业从业人员超过300人的，应依法设置专门的安全生产管理机构或者配备专职安全生产管理人员。

交通运输部、公安部、国家安全生产监督管理总局《道路旅客运输企业安全管理规范（试行）》（交运发〔2012〕33号）第六条规定："道路旅客运输企业及分支机构应当依法设置安全生产领导机构和管理机构，配备与本单位安全生产工作相适应的专职安全管理人员。"在道路运输安全管理中，危险货物运输和旅客运输均是重点安全监管对象。在道路运输企业安全管理实践中，企业都设有安全技术部门负责企业的安全管理，或者由某个机构兼负安全管理职责。根据危险货物道路运输企业安全管理机构设置的实际情况，参考道路旅客运输企业安全管理机构的设置，本标准对从业人员不足300人的危险货物道路运输企业，在企业组织架构中设置了安全生产管理部门。由于危险货物道路运输企业规模大小不一，因此，企业可以根据自身实际情况，设定专职或兼职安全生产管理部门。安全生产管理部门在主管安全副总的领导下，履行安全生产监督管理的职责，对其他各职能部门安全生产工作进行协调和监督，对公司安全生产进行监督管理。

5.3.4　其他职能部门职责

规定在其职能范围内应负的安全生产工作责任。

【释义】本条规定了其他职能部门的安全职责。

其他职能部门应对其职责范围内的安全生产工作负责。

5.4　安全生产岗位

5.4.1　安全生产岗位人员

安全生产岗位的人员一般包括主要负责人、分管安全的企业负责人、安全管理部门负责人、专职安全管理人员、驾驶人员、押运人员、装卸管理人员及其他岗位人员。

【释义】危险货物道路运输企业安全生产岗位人员包括：主要负责人、分管安全的企业负责人、安全管理部门负责人、专职安全管理人员、驾驶人员、押运人员、装卸管理人员以及其他岗位人员。

5.4.2　主要负责人安全职责

企业主要负责人是企业安全生产工作第一责任人，安全职责应至少包括：

a） 贯彻执行国家安全生产的法律、法规、规章、技术标准、政策规定等；

b） 建立、健全本单位安全生产责任制；

c） 组织制定本单位安全生产规章制度和操作规程；

d） 保证本单位安全生产投入的有效实施；

e） 督促、检查本单位的安全生产工作，及时消除生产安全事故隐患；

f） 组织制定并实施本单位的生产安全事故应急救援预案；

g） 及时、如实报告生产安全事故。

【释义】本条规定了主要负责人的安全生产职责。

《中华人民共和国安全生产法》第五条规定："生产经营单位的主要负责人对本单位的安全生产工作全面负责。"企业主要负责人是企业安全生产工作的第一责任人，对本单位的安全生产工作全面负责。根据企业岗位设置不同，企业主要负责人可能为法定代表人、董事长、总经理等。

5.4.3 分管安全的企业负责人安全职责

分管安全的企业负责人，安全生产职责应至少包括：

a） 组织、协调企业各职能部门的安全生产管理工作，改善安全生产条件；

b） 组织制定企业各项安全生产规章制度、操作规程及应急预案；

c） 负责企业运输事故应急处置、调查及处理建议。

【释义】本条规定了分管安全的企业负责人的安全生产职责。

在危险货物道路运输企业的安全管理实践中，为强化企业的安全管理，提升企业的安全管理水平，在企业的组织架构中通常会安排一名企业领导专门负责企业安全管理。分管安全的企业负责人（安全副总经理、安全总监）在主要负责人领导下，具体分管企业安全生产管理工作，对本单位安全生产工作负重要领导责任。

5.4.4 安全管理部门负责人安全职责

安全管理部门负责人安全生产职责应至少包括：

a） 贯彻落实企业有关安全生产决定和管理措施；

b） 制定和执行安全生产管理规章制度、操作规程、应急预案、安全生产工作计划、安全生产费用预算；

c） 开展安全生产工作监督、检查、考核、隐患排查和整改的落实、安全文化建设和事故应急救援演练等；

d） 组织召开安全工作例会，提出安全生产管理建议；

e） 对运输事故现场协调处置、调查、报告及提出处理建议；

f) 安全生产统计与安全生产管理档案建立。

【释义】本条规定了安全管理部门负责人的安全生产职责。

安全管理部门负责人是企业具体负责企业安全生产综合管理的岗位，其职责考虑到企业安全生产的相关要求。

5.4.5 专职安全管理人员安全职责

专职安全管理人员安全生产职责应至少包括：

a) 协助制定、执行企业安全生产管理规章制度、操作规程、应急预案、安全生产工作计划、安全措施等，监督、检查执行情况，提出改进建议；

b) 组织安全学习、从业人员安全教育培训、应急演练等安全生产活动；

c) 做好安全检查和隐患排查及督促整改；

d) 新聘从业人员的教育培训、考核；

e) 车辆和安全设施及设备、劳动防护用品等管理、发放、使用和保养，以及单位相关证照和保险办理；

f) 事故现场组织施救，协助事故调查、处理，负责事故原因分析与保险理赔；

g) 实施车辆动态监控以及安全统计和安全管理档案建立。

【释义】本条规定了专职安全管理人员的安全生产职责。

《危险化学品安全管理条例》第四十三条规定："危险化学品道路运输企业、水路运输企业应当配备专职安全管理人员。"《道路危险货物运输管理规定》第八条第（三）款第3项规定："企业应当配备专职安全管理人员。"因此，专职安全管理人员的配备是法定要求，其主要职责包括安全生产管理制度体系的建立，从业人员的安全教育、培训，安全生产监督、检查与考核，车辆、安全设施、设备、用品管理，运输生产方案制定、运营调度，运输事故调查、处理，安全生产统计、档案建立等。就道路运输企业来说，专职安全管理人员包括：车队长、生产调度员、GPS监控人员等。

5.4.6 驾驶人员安全职责

驾驶人员安全生产职责应至少包括：

a) 执行企业有关运输的各项规章制度、操作规程及应急预案，按照有关运输规定行车和停车；

b) 负责车辆（罐体）日常检查和维护；

c) 随车携带相关有效证件及文书，保证车辆安全防护设施、设备和防护用品等器材良好有效；

d） 参加安全学习、教育培训等活动，按照 JT 617 和 JT 618 要求，掌握安全技术知识、技能与应急处理办法；

e） 对运输事故及时报告和应急处置。

【释义】本条规定了驾驶人员的安全生产职责。

由于危险货物道路运输企业运输介质、车辆种类、运行环境，以及管理的具体要求等均存在差异，本标准中规定的驾驶人员职责是最基本的安全职责，企业可以根据自己的具体情况和要求，进一步制定涵盖上述内容，适合本企业实际情况的驾驶人员安全职责。

5.4.7 押运人员安全职责

押运人员安全生产职责应至少包括：

a） 执行企业有关危险物运输押运的各项规章制度、操作规程和应急预案；

b） 会同驾驶人员做好车辆（罐体）安全检查，保障相关证件、文书，车辆安全防护设施、设备及消防、防护用品，货物捆扎等齐全有效；

c） 监督、提醒驾驶人员按照有关运输规定行车和停车，做好客户及货物核实，检查货物配装和堆码，行车途中应监视货物状态是否安全；

d） 对运输事故及时报告和应急处置，且维护好现场；

e） 应参加安全学习和教育培训等活动，按照 JT 617 和 JT 618 要求，掌握安全技术知识与应急处理办法。

【释义】本条规定了押运人员的安全生产职责。

同上，由于危险货物道路运输企业运输介质、车辆种类、运行环境，以及管理的具体要求等均存在差异，本标准中规定的押运人员职责是最基本的安全职责，企业可以根据自己的具体情况和要求，进一步制定涵盖上述内容，适合本企业实际情况的押运人员安全职责。

5.4.8 装卸管理人员安全职责

装卸管理人员安全生产职责应至少包括：

a） 执行企业有关危险物运输装卸的各项规章制度、操作规程和应急预案；

b） 检查运输车辆的资质、设备状况和安全措施、装卸作业区安全、车辆（罐体）、安全设备、装卸机具技术性能、货物、人员、证件、手续及作业人员劳动防护用品穿戴是否符合要求；

c） 监视装卸过程和装卸作业应符合 JT 618 规定。

【释义】本条规定了装卸管理人员的安全生产职责。

同上，由于危险货物道路运输企业运输介质、车辆种类、装卸要求，以及管理的具体要求等均存在差异，本标准中规定的装卸管理人员职责是最基本的安全职责，企业可以根据自己的具体情况和要求，进一步制定涵盖上述内容，适合本企业实际情况的装卸管理人员安全职责。

5.4.9 其他岗位人员安全职责

其他岗位人员应负责其职责范围内的安全生产工作。

【释义】本条规定了其他岗位人员应负责其职责范围内的安全生产职责。

危险货物道路运输企业可根据企业具体情况，对其他工作岗位人员结合自身的岗位和性质，制定符合实际的安全职责。

5.5 安全生产责任考核

企业应建立安全生产目标与责任制相结合的考核制度，制定量化的控制指标体系和考核规定。

5.6 安全生产责任奖惩

企业应实行安全生产目标与责任制相结合的奖惩制度。

【释义】以上两条规定了企业安全生产责任考核和奖惩的相关内容。

关于企业"安全生产责任考核"和"安全生产责任奖惩"，在标准中提出"应建立安全生产目标与责任制相结合的考核制度，制定量化的控制指标体系和考核规定"和"应实行安全生产目标与责任制相结合的奖惩制度"。

因为危险货物道路运输企业的性质和运输危险货物的具体情况差异较大，关于"量化的控制指标和考核"，以及"安全生产目标与责任制相结合的奖惩"办法等，应根据企业的实际情况具体制定。

鉴于"5.7　附则"的内容简单、具体，在此不再赘述。

第六节　格式和要求

因标准原文中的表述已经很清楚，且也简单，不会产生异议，故在此不再赘述。

第三章

《危险货物道路运输企业安全生产管理制度编写要求》（JT/T 912—2014）释义

第一节 适用范围

本标准规定了危险货物道路运输企业安全生产管理制度的编制要求、编制内容、编制步骤、格式及要求。

本标准适用于危险货物道路运输企业安全生产管理制度的编写。使用自备车辆为本单位服务的非经营性危险货物道路运输单位的安全生产管理参照执行。

【依据】

《中华人民共和国安全生产法》第三十二条规定:"生产经营单位生产、经营、运输、储存、使用危险物品或者处置废弃危险物品,必须执行有关法律、法规和国家标准或者行业标准,建立专门的安全管理制度,采取可靠的安全措施,接受有关主管部门依法实施的监督管理。"

《道路危险货物运输管理规定》第八条第四款规定,危险货物道路运输企业许可条件之一为有健全的安全生产管理制度,包括安全生产操作规程、安全生产责任制、安全生产监督检查制度以及从业人员、车辆、设备安全管理制度。

【释义】本条规定了本标准的内容和适用范围。

本标准的主要内容是根据国家法律法规和危险货物道路运输企业(单位)的生产特点制定的。依照本条规定,本标准适用的主体范围,包括中华人民共和国境内所有经营性危险货物道路运输企业。无论企业的所有制性质如何,只要是在中华人民共和国境内从事危险货物道路运输活动的企业都应该依照该标准完善企业(单位)的安全生产管理制度。对于使用自备车辆为本单位服务的非经营性危险货物道路运输单位,其安全生产的总体方针、目标、基本管理方法是相似的。因此,使用自备车辆为本单位服务的非经营性危险货物道路运输单位的安全生产管理制度制定可参照执行。

第二节　规范性引用文件

因标准原文中的表述已经很清楚，且也简单，不会产生异议，故在此不再赘述。

第三节　术语和定义

因标准原文中的表述已经很清楚，且也简单，不会产生异议，故在此不再赘述。

第四节　编 制 要 求

4.1　应符合国家和行业有关安全生产法律、行政法规及技术标准的要求，遵循“安全第一、预防为主、综合治理”的方针要求。

4.2　企业制定安全生产管理制度应采用“策划、实施、检查、改进”的方式，结合企业自身特点进行编制。

4.3　危险货物道路运输企业应制定安全生产管理制度和安全生产操作规程，安全生产操作规程要求见附录A。

【释义】以上三条是关于危险货物道路运输企业安全生产管理制度编制的要求，包括应该遵循的安全生产管理方针，以及管理方式和基本内容。

(1)应符合国家和行业有关安全生产法律、行政法规及技术标准的要求，符合“安全第一、预防为主、综合治理”的方针要求。

危险货物道路运输属于特种货物运输范畴,国家一直非常重视危险货物道路运输的法律法规及标准体系的构建和完善。危险货物道路运输企业的日常安全生产管理必须在遵循相关法律法规及标准的前提下,开展和制定适合各自企业特色及管理特点的安全生产管理制度。

安全生产工作方针是生产工作的总要求,《中华人民共和国安全生产法》在总结我国安全生产管理经验的基础上,将“安全第一、预防为主”规定为我国安全生产工作的基本方针。在十六届五中全会上,党和国家坚持以科学发展观为指导,从经济和社会发展的全局出发,不断深化对安全生产规律的认识,提出了“安全第一、预防为主、综合治理”的安全生产方针。其中,“安全第一”就是在生产经营活动中,在处理保证安全与实现生产经营活动的其他各项目标的关系上,要始终把安全、特别是从业人员和国民的人身安全放在首要的位置,实行“安全优先”原则。“预防为主”是事先风险分析管理的原则,变事故处理为超前隐患排查治理,预防事故发生。安全生产的目的是要尽可能避免事故的发生,而不仅仅是在发生事故后去组织抢救,进行事故调查和处理。这些当然都是安全生产管理工作中不可缺少的,对事故预防也有“亡羊补牢”的作用,但更为重要的是要做到“先补牢而不亡羊”,要按照系统化、科学化的管理思想,按照事故发生的规律和特点,千方百计预防事故发生,做到防患于未然,将事故消灭在萌芽状态。虽然人类在生产活动中还不可能完全杜绝事故的发生,但只要思想重视,预防措施得当,安全生产事故可以降低到最小限度,事故是可控可防的。

(2)企业制定安全生产管理制度应采用“策划、实施、检查、改进”的方式,结合企业自身特点进行编制。

企业的安全生产管理工作理念是按照我国法律法规、规章制度等要求,结合国企安全管理工作情况和国际先进的“策划、实施、检查、改进”动态循环的安全管理思想而形成的,所涉及的元素并不是完全与“策划、实施、检查、改进”的顺序一一对应,但在总体结构设计上体现了动态循环和持续改进的思想。

策划,是依据法律法规、标准规范以及本标准等要求,分析企业生产流程、组织机构、人员素质、车辆及设备设施状况等基本信息,对企业安全管理现状进行初步评估,发现存在的问题,从而建章立制的阶段。根据评估结果,提出安全生产目标,确定创建安全生产管理目标和方案,包括工作过程、进度、资源配置、分工等。根据相关规定和企业实际需求,配备相应组织机构,并对职责提出要求;识别和获取适用的安全生产法律法规、标准以及其他要求,将相关要求融入安全生产管理规章制度、安全操作规程中。

实施，是实施策划中所制定的目标、组织机构、职责、制度等过程。根据制度规定，做好全员的安全教育培训工作，保证从业人员具备必要的安全生产知识，保障各项安全生产管理制度和操作规程顺利实施；通过设施设备管理、操作安全管理等，将各项制度落实到位，实现安全生产的目标；通过应急救援，事故报告、调查和处理，一旦发现实施过程中可能发生的事故，能及时采取有效措施，将损失降到最低。

检查和改进，是衡量策划的实施效果，对发现的问题及时进行处理。通过隐患治理、重大危险源监控等方式，将实施效果与预定目标进行对比，对发现的问题，采取相应措施及时进行整改；同时做好职业健康管理工作，这是从人员健康角度检查各项安全法律法规、制度规程等是否落实到位的方法和手段。企业要每年对本单位安全生产责任制及安全生产管理制度的实施情况至少进行一次检查和评价，发现问题，找出差距，并根据安全生产管理评定结果、预测预警技术所反映的问题等情况，提出完善措施，对安全生产目标、指标、规章制度、操作规程等进行修改完善，进行新一轮的循环改进。通过这种自我检查、自我纠正和自我完善的方式，实现持续改进的目标，不断提高安全生产水平和安全绩效。

（3）危险货物道路运输企业应制定安全生产管理制度和安全生产操作规程，安全生产操作规程要求见本标准中的附录 A。

安全生产管理制度是一个企业（单位）管理规章制度的重要组成部分，是保证生产经营活动安全的重要手段。危险货物道路运输企业（单位）的安全生产管理制度主要包括两个方面的内容，一是安全生产管理方面的规章制度，二是安全技术方面的规章制度。规程是对工艺、操作、检定、安全、管理等具体技术要求和实施程序所作的统一规定，安全生产操作规程是指在生产活动中，为消除能导致人身伤亡或造成设备、财产破坏以及危害环境的因素而制定的具体技术要求和实施程序的统一规定。安全生产管理制度和安全操作规程，是保证生产经营活动安全进行的制度保障，从业人员在进行作业时必须严格执行。

第五节 编制内容

5.1 安全生产管理制度

危险货物道路运输企业安全生产管理制度,至少应包括下列内容:

a) 安全生产监督检查制度;

b) 安全生产教育培训制度;

c) 从业人员安全管理制度;

d) 专用车辆安全管理制度;

e) 安全设施设备(停车场)管理制度;

f) 应急救援预案管理制度;

g) 安全生产会议制度;

h) 安全生产考核与奖惩制度;

i) 安全事故报告、统计与处理制度。

【释义】本条是关于安全生产管理制度应该涵盖的基本框架及其条目。

《中华人民共和国安全生产法》第三十二条规定:"生产经营单位生产、经营、运输、储存、使用危险物品或者处置废弃危险物品,必须执行有关法律、法规和国家标准或者行业标准,建立专门的安全管理制度,采取可靠的安全措施,接受有关主管部门依法实施的监督管理。"《道路危险货物运输管理规定》第八条第四款规定,道路运输危险货物企业许可条件之一为有健全的安全生产管理制度,包括安全生产操作规程、安全生产责任制、安全生产监督检查制度以及从业人员、车辆、设备安全管理制度。上述法律及部门规章均要求危险货物道路运输企业应当有健全的安全生产管理制度。也就是说,建立健全安全生产管理制度是危险货物道路运输企业法定的义务和企业经营管理的必备条件。

基于上述要求,本标准对危险货物道路运输企业(单位)的安全生产管理规章制度体系应包含的基本内容提出了要求,遵循"策划、实施、检查、改进"的动态循环模式,设置了包括安全生产教育培训、从业人员安全管理、安全生产监督检查、安全生产考核与奖惩等制度在内的规章制度体系。本标准提出的安全生产管理制度和操作规程是危险货物道路运输企业应该建立的基本管理制度,当然,除了上述基本的规章制度外,危险货物道路运输企业(单位)还应根据相关法律法规和企业的实际情况等进行补充和完善,如安全生产投入制度、业务受理与调度制度等。

5.2 安全生产监督检查制度

5.2.1 企业安全生产监督检查制度,至少应明确下列部分:

a) 适用范围(包括所有与生产经营相关的部门、岗位及从业人员、场所、环境、设备设施和活动等);

b） 实施主体及其职责分工；

c） 监督检查的内容、方法和时间；

d） 隐患的处理程序；

e） 监督检查档案或台账的记录要求；

f） 需明确的其他内容；

g） 附则（包括制定与解释、实施时间等）。

5.2.2 企业安全生产监督检查的内容包括：

a） 安全生产管理机构设置；

b） 各工作岗位职责落实；

c） 安全培训教育情况；

d） 车辆及设备设施安全技术状况；

e） 从业人员操作规程执行情况；

f） 事故隐患整改及应急预案演练；

g） 安全生产台账、档案保存；

h） 安全生产其他内容。

5.2.3 企业对在安全生产监督检查中发现的问题或隐患的处理，应根据实际情况明确下列内容：

a） 隐患整改方案；

b） 组织隐患整改实施；

c） 整改项目的复查验收。

5.2.4 安全生产监督检查档案或台账的记录要求，至少应包括：

a） 检查日期；

b） 检查部位或场所；

c） 发现隐患的数量、类别和具体情况；

d） 整改措施和完成整改时间；

e） 检查现场照片；

f） 负责实施部门或人员及签名等。

【释义】本条是关于企业安全生产监督检查制度编制的基本要求。

（1）“适用范围（包括所有与生产经营相关的部门、岗位及从业人员、场所、环境、设备设施和活动等）”是指对应的安全生产管理制度适用的部门、岗位及人员的类别。不同类型的安全生产管理制度有其对应的适用范围，只有详细明确需遵守该安全生产管理制度的对象才能确保制度的针对性。

(2)“实施主体及其职责分工”是指本项安全生产管理制度的执行者(包括部门或者不同管理岗位的管理人员)及其对应的职责分工。具体的职责分工,可以参照《危险货物道路运输企业安全生产责任制编写要求》(JT/T 913—2014)的相关分工要求执行。

(3)“监督检查的内容、方法和时间”是指企业实施安全生产监督检查的对象、方式和频率。安全生产监督检查是发现企业安全生产隐患的重要方式和手段,其监督检查的范围应该包括企业与生产经营活动相关的所有场所、环境、人员和设施设备。归纳起来包括:

①查制度,即检查本单位的安全生产规章制度、安全生产责任制是否健全、完善;

②查设备,即检查本单位的生产设备、设施是否处于正常的运行状态;

③查安全知识,即检查从业人员是否具备应有的安全知识和操作技能;

④查纪律,即检查从业人员在工作中是否严格遵守安全生产规章制度和操作规程;

⑤查事故隐患;

⑥查从业人员的劳动防护用品是否符合标准,真正能够起到保护劳动者的作用;

⑦其他事项。

安全生产监督检查的组织方式主要有综合检查、专业检查、季节性检查、节假日检查、日常检查等,其采用的方法包括常规检查、安全检查表法和仪器检查法等。

(4)“隐患的处理程序”。所谓“事故隐患”,是指可能导致生产安全事故发生的物(场所、设施、设备、原材料等)的危险状态、人的不安全行为(如违章操作),以及管理上的缺陷。在对本企业的安全生产状况进行检查的过程中,发现存在的安全问题,可以处理的应当立即进行处理,如发现事故隐患,应当立即采取措施加以排除。对于不能当场立即处理的安全问题,如安全设施不合格、需要改建等情况,应立即将这一情况报告本单位的主要负责人或主管安全生产工作的其他负责人,再有针对性地制定隐患处理方案,及时治理、消除隐患。一般隐患的处理程序包括:隐患的评估分级、登记建档及整改方案制定(包括整改计划、资金落实、实施操作等)、处理措施、处理结果的复验。这是一个动态循环过程。其中,隐患处理内容一般涵盖工程技术、管理、教育培训和个体防护措施等方面。

(5)“监督检查档案或台账的记录要求”。各项安全生产管理制度编制及要点中的“档案或台账”，是指具体反映企业（单位）各项安全生产管理制度整体落实情况的规范记录，是用于管理、统计企业和部门日常工作的各种文本、文件和资料的统称，实际上就是一种明细记录表。加强安全生产管理台账管理，不仅可以反映企业安全生产的真实过程和安全管理的实绩，而且为解决安全生产中存在的问题，强化安全控制、完善制度提供了重要依据，是规范安全管理、夯实安全基础的重要手段。

同时，企业和行业管理部门在对企业安全生产管理落实情况进行评估和考核时，也需要依据安全生产管理台账或档案所记录的企业动态管理过程来作出相应判断。因此，安全生产台账不是一个可有可无的记录，及时、认真、真实地建立安全台账，是一个单位整体管理水平和管理人员综合素质的体现。对于安全生产监督检查的档案或台账而言，其内容可以包括安全检查日期，检查部位或场所，发现隐患的数量、类别和具体情况，相应整改措施和完成整改时间，检查现场照片，负责记录部门或人员及签名等。对于安全生产监督检查而言，其档案或台账的记录信息应该包括检查实施—隐患发现—隐患处理等各个环节的相关内容及其相关负责人信息，以备需要时查阅，如发生事故时可作为调查事故原因的依据等。

5.3　安全生产教育培训制度

5.3.1　企业安全生产教育培训制度，至少应明确以下内容：

a）　适用范围（包括企业各部门员工，以及来企业务工的临时工和实习人员等）；

b）　实施主体及其职责分工；

c）　企业安全教育培训计划；

d）　安全教育培训的形式和内容；

e）　安全教育培训档案或台账的记录要求；

f）　需明确的其他内容；

g）　附则（包括制定与解释、实施时间等）。

5.3.2　企业安全教育培训包括岗前培训和日常培训。培训至少应包括以下内容：

a）　国家危险货物道路运输有关安全法律、法规、规章及标准；

b）　企业安全生产管理制度；

c）　企业常运危险货物的理化特性、职业危害及事故预防措施；

d）　安全设施设备、劳动防护用品（器具）及消防器材的正确使用和维护方法；

e) 员工职业道德教育；

f) 安全生产基本知识和安全行车知识；

g) 典型事故案例的警示教育；

h) 应急处置知识和应急设施与设备操作使用常识；

i) 异常情况紧急处置、事故应急预案、演练要求。

5.3.3 安全教育培训档案或台账的记录要求，至少应包括：

a) 培训时间和地点；

b) 授课人及培训内容；

c) 参加培训人员签名；

d) 考核时间、试卷、答案、成绩及阅卷人；

e) 违章违纪处理情况等。

【释义】本条是关于危险货物道路运输企业安全生产培训教育制度编制的基本要求。

运输安全事故的发生，是人的不安全行为、物的不安全状态、环境的不协调等多种原因综合作用而导致的，在我国，人的不安全行为所导致的运输安全事故数量在事故总数中占有很大比重。对从业人员进行安全生产教育和培训，控制人的不安全行为，对减少运输事故是极为重要的。安全生产培训教育是企业安全管理工作的重要组成部分。通过安全生产教育和培训，可以促使广大从业人员按规章办事，严格执行安全生产操作规程，认识生产中的危险因素，了解生产安全事故的发生规律，并正确运用科学知识加以治理，及时发现和消除事故隐患，保证安全生产。

《中华人民共和国安全生产法》规定：

(1)生产经营单位的主要负责人和安全生产管理人员必须具备与本单位所从事的生产经营活动相应的安全生产知识和管理能力。

(2)生产经营单位应当对从业人员进行安全生产教育和培训，保证从业人员具备必要的安全生产知识，熟悉有关的安全生产规章制度和安全操作规程，掌握本岗位的安全操作技能；未经安全生产教育和培训合格的从业人员，不得上岗作业。

(3)生产经营单位采用新工艺、新技术、新材料或者使用新设备，必须了解、掌握其安全技术特性，采取有效的安全防护措施，并对从业人员进行专门的安全生产教育和培训。

(4)生产经营单位的特种作业人员必须按照国家有关规定经专门的安全作业培训,取得特种作业操作资格证书,方可上岗作业。

此外,《危险化学品安全管理条例》第四条规定:“危险化学品单位应当具备法律、行政法规规定和国家标准、行业标准要求的安全条件,建立、健全安全管理规章制度和岗位安全责任制度,对从业人员进行安全教育、法制教育和岗位技术培训。从业人员应当接受教育和培训,考核合格后上岗作业;对有资格要求的岗位,应当配备依法取得相应资格的人员。”

《道路危险货物运输管理规定》第四十八条规定:“道路危险货物运输企业或者单位应当通过岗前培训、例会、定期学习等方式,对从业人员进行经常性安全生产、职业道德、业务知识和操作规程的教育培训。”显然,对从业人员进行安全生产培训教育(包括岗前培训)是法律法规赋予企业(单位)应尽的义务。除了企业各岗位的从业人员需要进行相应的安全教育培训,企业的主要负责人、安全生产管理人员等均需要进行相关安全生产培训教育。

“安全教育培训计划”,是指企业实施安全教育培训活动的计划安排,可以分为年度、季度、月度计划。企业可以根据安全生产法律法规、标准规范等要求和安全生产目标、岗位需求,对从业人员文化水平、安全意识、安全知识、安全技能等现状进行系统的调查分析,确定人员是否需要培训和培训的具体需求。根据需求和培训大纲要求,制定教育培训方案和计划,并有效地组织实施。为了提高从业人员的业务技术素质,交通运输部发布了《关于印发道路危险货物运输从业人员从业资格考试大纲、培训教学大纲和培训教学计划的通知》,行业管理部门和企业均可对照该考试大纲、教学大纲和教学计划,依据配套编制的相关培训教材组织安全生产教育培训。

“安全教育培训的形式和内容”,是指企业实施安全教育培训的方式及其对应的培训内容要求。具体而言,危险货物道路运输企业的安全教育培训形式包括行业主管部门的从业资格培训考试,企业内部组织的岗前培训、日常教育、特殊教育、外来实习和参观人员的安全教育培训与考核等。岗前培训对象应包括新进员工、临时工、实习人员、转岗、内部调动及离岗半年以上的员工等;从业资格培训对象应包括驾驶人员、押运人员和装卸管理人员。不同培训方式采取的培训内容不尽相同,但大致需包括:相关法律法规及规章制度培训、安全生产技能培训、职业健康及劳动防护培训、事故应急救援培训等。

依据《中华人民共和国安全生产法》释义,企业的安全教育培训内容,主要包括以下几个方面:

(1)安全生产的方针、政策、法律、法规以及安全生产规章制度的教育和培训。

(2)安全操作技能的教育和培训,我国目前一般实行入厂教育、车间教育和现场教育的三级教育培训,通过教育培训,使从业人员掌握与所从事工作相关的安全生产技术和安全操作技能。

(3)安全技术知识教育和培训,包括一般性安全技术知识,如单位生产过程中不安全因素及其规律、预防事故的基本知识、个人防护用品和用具的正确使用、发生生产事故时的急救措施和事故的报告程序等,以及专业性的安全技术知识,如防火、防爆、防毒等知识。

(4)对特种作业人员的安全生产教育和培训。

对于安全教育培训形式而言,企业可根据实际情况组织多种形式的教育培训。比如:组织专门的安全教育培训班;作业前后交代安全注意事项,讲评安全运输情况;各级负责人和安全管理人员在作业现场工作时进行安全宣传教育、督促安全法规和制度的贯彻执行;组织安全技术知识讲座、竞赛;召开事故分析会、现场会,分析造成事故原因、教训,制定事故防范措施;组织安全技术交流,安全生产展览、张贴宣传画、标语,设置警示标志,以及利用广播、电影、电视、录像等方式进行安全教育;通过由安全技术部门召开的安全例会、专题会、表彰会、座谈会或者采用安全信息、简报、通报等形式,总结、评比安全生产工作,以达到安全教育的目的。

5.4 从业人员安全管理制度

从业人员管理制度,至少应明确以下内容:

a) 制定依据;

b) 适用范围;

c) 实施主体及职责分工;

d) 招聘内容及要求等;

e) 从业人员信息;

f) 资格证管理程序(包括:申请、审核、办理和备案等);

g) 参加安全培训教育学习和安全活动记录;

h) 违法、违章、违纪情况;

i) 调离辞退的条件、标准及程序;

j) 管理档案或台账的记录;

k) 需明确的其他内容;

l) 附则（包括制定与解释、实施时间等）。

【**释义**】本条是关于从业人员安全管理制度编制的基本要求。

危险货物道路运输从业人员技术素质和安全意识是确保其运输安全的关键因素之一。为了从源头控制危险货物运输事故的发生，提高安全管理水平，把好从业人员管理关是非常重要的。从人员招聘、试用、录用、签合同、考核、奖惩、调离辞退等各个环节都必须制定相关的规章制度。

“招聘内容及要求”是对企业开展从业人员招聘的工作流程及其相应的内容和要求进行规定。一般情况下，企业从业人员的招聘管理工作程序可以分为：提交拟聘用从业人员信息的申请；招聘公告信息的制定、发布以及内容要求等；应聘人员资格审查[资格审查内容可包括：危险货物道路运输从业资格条件、驾驶证、年龄、文化程度及身体状况要求、业务技术要求（驾龄、安全行车经历等）和违章违纪记录等]；从业人员的招聘考核和录用；试用期的人员管理及车辆使用限制规定；正式录用后的劳动合同以及社保办理等。

“资格证管理程序（包括：申请、审核、办理和备案等）”是对从业人员申请、审核、办理和备案危险货物道路运输从业资格证的具体要求。《道路危险货物运输管理规定》：“从事道路危险货物运输的驾驶人员、装卸管理人员、押运人员应当经所在地设区的市级人民政府交通运输主管部门考试合格，并取得相应的从业资格证；从事剧毒化学品、爆炸品道路运输的驾驶人员、装卸管理人员、押运人员，应当经考试合格，取得注明为‘剧毒化学品运输’或者‘爆炸品运输’类别的从业资格证。”

“调离辞退的条件、标准及程序”是对不适合从事危险货物道路运输作业的从业人员进行调离或辞退的具体要求。通常，在制定调离辞退管理制度时，需要明确从业人员调离辞退管理的工作程序，包括：明确各岗位从业人员调离辞退的条件和标准，如驾驶人交通违法记满分、诚信考核不合格以及从业资格证被吊销需要辞退等；明确拟调离辞退从业人员信息的上报和审批程序；明确从业人员调离辞退的具体流程，包括办理的各项手续等；明确从业人员调离辞退过程中的相关纠纷处理方法等；明确从业人员调离辞退管理档案或台账的记录要求，应包括从业人员基本信息、调离和辞退缘由、相关手续办理情况等。

5.5 专用车辆安全管理制度

专用车辆安全管理制度，至少应明确以下内容：

a) 制定依据；

b) 适用范围；

c) 实施主体及职责分工;

d) 车辆选配及报废管理;

e) 车辆必备安全设施设备的配置和安装要求;

f) 车辆检查维护与审验评定;

g) 车辆技术档案或台账记录;

h) 全体检查记录

i) 需明确的其他内容;

j) 附则(包括制定与解释、实施时间等)。

【释义】本条是关于专用车辆安全管理制度的基本框架及内容。

车辆技术管理是指对运输车辆实行"择优选配、正确使用、定期检测、强制维护、视情修理、合理改造、适时更新和报废"的全过程综合性管理。对于危险货物道路运输企业而言,实施车辆技术管理的根本目的是为运输生产提供安全、优质、高效、低耗、及时的运力,保证车辆运行安全,确保车辆使用的良性循环,使运输车辆获得最佳的经济效益和社会效益。

(1)车辆的择优选配。其包括择优选购和合理配置两重涵义,要全面分析,综合评价,力求选配"技术先进、经济合理、生产适用、维修方便"的危险货物运输专用车辆,使车辆投资发挥最大的效益。其中,"择优选购"指的是危险货物道路运输企业应根据其经营范围及常运危险货物特性等择优选择适用的车辆类型。《道路危险货物运输管理规定》要求,运输爆炸品、强腐蚀性危险货物的罐式专用车辆的罐体容积不得超过20m^3,运输剧毒化学品的罐式专用车辆的罐体容积不得超过10m^3,但符合国家有关标准的罐式集装箱除外。"合理配置",在这里主要指的是"车辆必备安全设施设备的配置和安装要求"。

(2)车辆的正确使用。一是充分利用,发挥车辆的最大效能,提高车辆运用效率,减少和避免车辆的无形磨损。二是合理使用,根据车辆的性能和运行条件,遵守操作规程和使用制度,避免车辆的损坏,减少有形磨损,保证行车安全。三是加强车辆维护,延长车辆正常磨损时间,延长车辆使用寿命,加强技术检测,及时排除故障隐患。四是要避免严重超载,带病运行,只使用不维修等违背正确使用原则的破坏性使用行为。

(3)车辆的检查维护与审验评定。其包含两方面内容:定期检查维护和定期检测审验。

定期维护,是指危险货物道路运输车辆必须按照相关法律法规以及企业的维护制度规定的维护周期(或作业间隔里程定额),定期进行强制性的维护作业，通常，在用车辆必须执行日常维护、一级维护、二级维护。其中，日常维护是出车前、行车中和收车后负责执行的车辆维护作业，主要内容是坚持三检，即出车前、行车中、收车后检查车辆的安全机构及各部件连接的紧固情况，以及危险货物的包装、捆绑等；保持四清，即保持机油、空气和燃油滤清器以及蓄电池的清洁；防止四漏，即防止漏水、漏油、漏气、漏电；保持车容整洁，中心内容是清洁、补给和安全检视。

一级维护是由维修企业负责执行的车辆维护作业。其作业中心内容是除日常维护作业外，以清洁、润滑、紧固为主，并检查有关制动、操纵等安全部件；二级维护是由维修企业负责执行的车辆维护作业。维护作业内容、竣工要求、检验要求按《汽车维护、检测、诊断技术规范》（GB/T 18344）的规定执行。

定期审验的主要作用是：①根据车辆类型、新旧程度、使用条件和强度，定期进行综合性能检测，了解和掌握车辆技术状况变化规律；②定期正确判断车辆的技术状况，进行技术鉴定，确定车辆是否需要大修、何时需要大修，以便实行视情修理和安排大修计划；③对车辆维修工作，可起到定期抽查和监督维修质量的作用；④结合车辆维护工作进行定期检测，可以正确确定维护附加作业的项目。

根据《道路危险货物运输管理规定》“第二十一条　道路危险货物运输企业或者单位应当按照《道路货物运输及站场管理规定》中有关车辆管理的规定，维护、检测、使用和管理专用车辆，确保专用车辆技术状况良好。”和“第二十二条　设区的市级道路运输管理机构应当定期对专用车辆进行审验，每年审验一次。”的要求，危险货物道路运输企业应定期做好专用车辆的维护、检测和审验评定工作，以确保车辆能安全可靠且合法运行。在编制标准过程中，为了尽量包含所有必需的安全生产管理制度，同时也尽可能减少制度的数量，则将车辆检查维护与审验评定管理相关要求编写在该制度内，企业在实际编制制度过程中，可根据自身情况，分别编制车辆检查维护制度以及车辆定期审验评定制度。

（4）车辆适时更新和报废。这是车辆管理的重要组成部分，是提高运输设备技术和经济效益的重要手段，管理的重点是更新报废的适时性。

5.6　安全设施设备（停车场）管理制度

5.6.1　安全设施设备管理制度，至少应明确下列内容：

a）　制定依据；

b）　适用范围；

c）　实施主体及职责分工；

d）　安全设备配置的种类、数量及质量要求；

e) 专用停车场安全环境要求(包括周边警戒区划定、警示标志设置等)；

f) 日常运行管理要求；

g) 管理档案或台账的记录；

h) 需明确的其他内容；

i) 附则(包括制定与解释、实施时间等)。

5.6.2 车辆卫星定位监控系统,至少应包括下列内容:

a) 适用范围(包括企业监控平台专管人员、值班监控人员、调度员等)；

b) 管理主体及其职责分工；

c) 安装规范和管理要求；

d) 监控内容和程序；

e) 信息发送(内容包括道路交通事故通报、安全提示以及预警信息等)；

f) 监控记录及违规处理；

g) 需明确的其他内容；

h) 附则(包括制定与解释、实施时间等)。

【释义】本条是关于车辆安全设施设备配置与管理、车辆专用停车场以及车辆卫星定位监控系统等设施设备管理制度的编写要求。

(1)"车辆安全设施设备"是指企业在生产经营活动中,将危险、有害因素控制在安全范围内,以及减少、预防和消除危害而为车辆配备的装置(设备)和采取的措施。由于危险货物的特性多样,承运不同类型货物的车辆应该配置的安全设施设备都有区别。总的来说,可以分为预防事故设施,如导静电拖地带、各种捆绑防散失工具等;控制事故设施,如紧急切断装置、电源总开关等;减少和消除事故影响设施,如多种类型的灭火器等。安全设施设备的质量好坏,直接关系到运输作业安全性以及在发生事故时能否及时救援、减少损失。在实践中,因为安全设施设备的设计、制造、安装、使用、检测、维修、改造和报废不符合有关标准而导致发生事故或损失扩大的情况屡见不鲜。为了避免上述情况的发生,企业的安全设施设备安装、使用、检测、维修、改造和报废,均应符合国家标准。同时强调,维护、检测应当做好记录,并由有关人员签字确认。

(2)"专用停车场安全环境要求"是对专用车辆停车设施及其安全管理的具体要求。根据《道路危险货物运输管理规定》的要求,停车场须有符合下列要求的停车场地:①自有或者租借期限为 3 年以上,且与经营范围、规模相适应的停车场地,停车场地应当位于企业注册地市级行政区域内。②运输剧毒化学品、爆炸品专用车辆以及罐式专用车辆,数量为 20 辆(含)以下的,停车场地面积不低于车辆正投影面积的1.5倍，数量为20辆以上的，超过部分，每辆车的停车场地面积不低于车辆正投影面积；运输其他危险货物的，专用车辆数量为10辆（含）以下的，停车场地面积不低于车辆正投影面积的1.5倍；数量为10辆以上的，超过部分，每辆车的停车场地面积不低于车辆正投影面积。③停车场地应当封闭并设立明显标志，不得妨碍居民生活和威胁公共安全。

依据上述条款，危险货物道路运输专用车辆的停车场规模必须与企业专用车辆数量和经营范围相适应，符合相关法律法规要求；停车场安全环境要求，包括周边警戒区划定、警示标志设置等必须符合要求，且不妨碍居民生活和威胁公共安全。除此之外，在相关管理制度里面还需要明确停车场的安全防护、环境保护和消防设施设备的配备、使用、检查检修、更新、报废等要求；停车场的日常运行管理要求，包括专人负责管理、停放要求、车辆出入手续以及消防安全等要求。

（3）"车辆卫星定位监控系统"作为动态监控手段，能有效监控运输车辆途中安全运行状况。为了统一规范全国道路运输车辆卫星定位系统平台和车载终端的技术要求，以便能有效接入全国重点营运车辆联网联控系统，要求自2011年8月1日起，新出厂的"两客一危"车辆，在出厂前应安装符合《道路运输车辆卫星定位系统车载终端技术要求》（JT/T 794—2011）的车辆终端，并接入符合《道路运输车辆卫星定位系统平台技术要求》（JT/T 796—2011）的监控平台。因此，企业在安装卫星定位系统车辆终端和监控平台之前一定要进行标准符合性审查，确保使用的终端和平台能满足行业标准和地方标准的具体要求。另外，"全国重点营运车辆联网联控系统"是由交通运输部建设的重点营运车辆动态信息公共交换平台工程项目。该系统通过实行统一的信息交换标准来整合各省（市）车辆动态信息监控资源，进而实现全国范围内重点营运车辆动态信息的跨区域、跨部门信息交换和共享。

5.7 应急救援预案管理制度

5.7.1 企业应急救援预案编制应符合JT/T 911的要求。

5.7.2 应急救援预案管理，至少应包括下列内容：

a） 评审、备案、负责人签署发布；

b） 宣传和教育；

c） 修订与更新。

【释义】本条是关于突发事件应急救援预案编制的基本要求。

"应急救援预案管理制度"中相关条目内容，参照《危险货物道路运输企业运输事故应急预案编制要求》（JT/T 911—2014）编写。

5.8 安全生产会议制度

5.8.1 企业安全生产会议制度,至少应包括下列内容:

a) 适用范围;

b) 实施主体及职责分工;

c) 安全生产会议类别及内容;

d) 会议记录要求(包括会议召开通知、会议照片记录、参会人员签名、记录人、会议主要内容等);

e) 其他需明确的内容;

f) 附则(包括制定与解释、实施时间等)。

5.8.2 企业安全生产会议应分为安全生产领导机构工作会议及安全生产工作例会。

a) 安全生产领导机构工作会议内容,至少应包括:

1) 企业在相应时间段内安全生产目标改进;

2) 安全生产岗位职责落实及安全管理重要人员变更;

3) 安全管理制度改进;

4) 安全生产情况分析;

5) 事故隐患整改情况;

6) 重要安全工作决策与部署等。

b) 安全生产工作例会内容,至少应包括:

1) 企业在相应时间段内的安全生产工作与目标的实施情况;

2) 安全管理制度符合度评价;

3) 安全生产工作分析;

4) 安全工作实施部署等。

【释义】本条是关于安全生产会议制度的编写基本要求。

安全生产会议是安全生产管理的一项重要工作。在安全生产活动中,安全生产会议是传达上级指示、总结工作、通报情况、研究问题、决定事项、布置任务、推动工作的一种重要形式。

“安全生产会议类别和内容”是明确企业安全生产会议的级别划分及其对应的会议内容。依据《中华人民共和国安全生产法》等法律法规要求,企业安全生产管理需要设置的安全生产决策或领导机构。根据企业组织机构设置不同,安全生产决策机构的称谓也不尽相同,如安全生产委员会、安全生产领导小组等。相对应的安全生产委员会或安全生产领导机构召开的会议称之为安全生产领导机构工作会议，而下属班组、车队及分部门组织的会议可以称为安全生产工作例会。

依据安全生产管理职责，不同级别的安全生产会议讨论的内容也有所差别。为了保证企业各级安全生产会议的召开，企业制定的安全生产会议制度就必须对安全生产会议的内容、范围、召开周期、各类别安全生产会议的纪律要求，以及对未能参加会议的人员的处理措施等进行具体的规定，以便在企业管理过程中有法可依，有章可循。另外，安全生产会议的档案整理是企业安全生产会议落实情况及效果的直接体现，完整的安全生产会议记录应该包括会议召开通知、会议照片记录、参会人员签名、记录人、主要会议内容等。

5.9 安全生产考核与奖惩制度

企业安全生产考核与奖惩制度，至少应包括下列内容：

a） 制定依据；

b） 适用范围及对象；

c） 实施主体及其职责分工；

d） 安全生产考核的具体方法和内容；

e） 奖惩的类型；

f） 奖励和处罚的条件；

g） 奖惩档案或台账的记录要求（包括考核时间、考核对象、考核人员、考核标准及结果、奖惩措施等）；

h） 需明确的其他内容；

i） 附则（包括制定与解释、实施时间等）。

【释义】本条是关于安全生产考核与奖惩制度的基本要求。

为了确保安全生产，强化安全管理，落实安全生产责任制，全面提升人员的素质，夯实安全生产工作基础，认真落实各级人员安全生产责任制，确保安全生产目标的实现，危险货物道路运输企业应建立有效的考核和奖惩机制，做到奖惩分明。对实现安全生产目标作出突出贡献的单位和个人予以表彰和奖励，激发员工的进取心和积极性，使他们勇于学习和研究各项技能，提高责任心和安全意识。对发生事故的单位和责任人予以处罚，以提醒吸取教训、改正错误。实行奖惩制度，坚持精神鼓励与物质奖励相结合、思想教育与行政惩戒相结合的原则。

在安全生产考核与奖惩制度中，科学合理且公平的考核办法是实现安全生产奖惩的基础，而有效的考核办法需要企业管理人员在借鉴大量安全生产法律法规、兼顾企业自身情况及其安全生产目标等资料而确定的。通常，安全生产考核内容包括:安全生产目标落实情况,安全管理组织状况,安全生产管理制度执行与落实情况,安全检查、安全教育培训、安全台账记录等安全活动开展情况,安全生产指标完成情况,安全生产事故情况,安全操作规程执行情况,安全意识和职业道德等。考核类型则可以为:日常巡查、突击检查、问卷调查、受理投诉、事故调查与处理等。

在实施安全生产奖惩过程中,规范合理的奖惩条件和流程是确保奖惩公平、公开、公正的前提。所以,安全生产奖惩必须与考核的相关内容相对应,明确奖惩的范围(如惩罚范围包括:违反各项规章制度的部门和个人、导致事故扩大或重复事故发生者、破坏或伪造事故现场等;奖励范围包括:无交通违法记录,遵章守纪、模范执行安全操作规程,对安全生产、事故处理工作作出贡献的部门和个人等),以及对应的奖惩类型(惩罚类型包括批评教育、书面检查、通报处理、停工学习、经济处罚、行政处罚等;奖励类型包括精神奖励和物质奖励等)和标准。另外,对于奖惩费用来源及构成,以及费用管理及使用等要求也需要在该制度中明确。

当然,企业可以根据自身情况分别制定安全生产考核制度和安全生产奖惩制度。

5.10 安全事故报告、统计与处理制度

5.10.1 安全事故报告、统计与处理制度,至少应包括下列内容:

a) 制定依据;

b) 适用范围;

c) 实施主体及其职责分工;

d) 安全事故分类和等级划分;

e) 事故报告的基本内容;

f) 事故报告对象;

g) 现场保护和救护的基本要求;

h) 管理档案或台账记录要求;

i) 需明确的其他内容;

j) 附则(包括制定与解释、实施时间等)。

5.10.2 安全事故报告的基本内容,至少应包括下列内容:

a) 事故发生单位概况;

b) 事故发生时间、地点及现场情况;

c) 事故简要经过;

d) 事故已造成或可能造成的伤亡人数(包括下落不明、涉险的人数)；

e) 已经采取的措施；

f) 其他应当报告的情况。

5.10.3 事故调查报告应包括下列内容,附有相关证据材料:

a) 事故发生经过和救援情况；

b) 事故造成的人员伤亡和直接经济损失；

c) 事故发生原因及性质认定；

d) 事故责任划分及责任者的处理建议；

e) 事故教训及防范措施。

5.10.4 依据责任划分标准,事故处理应包括下列内容:

a) 对责任主体实行责任追究及处理的程序和措施；

b) 对责任主体实行责任追究及处理的标准等。

5.10.5 事故统计分析,应明确统计和分析的内容、统计时限、统计分析结果等。

【释义】本条是关于安全生产事故报告、统计和处理制度的基本要求。

《生产安全事故报告和调查处理条例》第九条规定:“事故发生后,事故现场有关人员应当立即向本单位负责人报告;单位负责人接到报告后,应当于1小时内向事故发生地县级以上人民政府安全生产监督管理部门和负有安全生产监督管理职责的有关部门报告。情况紧急时,事故现场有关人员可以直接向事故发生地县级以上人民政府安全生产监督管理部门和负有安全生产监督管理职责的有关部门报告。”

在各类生产经营活动中,由于主客观等多方面的原因,往往导致生产安全事故的发生。发生事故后及时向单位负责人和有关主管部门报告,对于及时采取应急救援措施,防止事故扩大,减少人员伤亡和财产损失起着至关重要的作用,也是开展事故调查处理工作的第一个环节。

“事故现场”是指事故具体发生地点及事故能够影响和波及的区域以及该区域内的物品、痕迹等所处的状态。

“有关人员”主要是指事故发生单位在事故现场的有关工作人员,既可以是事故的负伤者,也可以是在事故现场的其他工作人员,任何首先发现事故的人都负有立即报告事故的义务。

“立即报告”是指在事故发生后的第一时间用最快捷的报告方式进行报告。

“单位负责人”可以是事故发生单位的主要负责人,也可以是事故发生单位主要负责人以外的其他分管安全生产工作的副职领导或其他负责人。出于事故报告的紧迫性,现场有关人员报告事故不可能也没有必要完全按照正常情况下企业的层级管理模式来进行,只要报告到事故单位的指挥中心(如调度室、监控室)即可。

在一般情况下,事故现场有关人员应当向本单位负责人报告事故,这符合企业内部管理的规章制度,也有利于企业应急救援工作的快速启动。在情况紧急时,事故现场有关人员应直接向公安部门、安全生产监督管理部门和负有安全生产监督管理职责的有关部门报告。

事故报告通常应该涵盖以下基本内容:

(1)事故发生单位概况。事故发生单位概况应当包括单位的全称、所处地理位置、所有制形式和隶属关系、生产经营范围和规模、持有各类证照的情况、单位负责人的基本情况以及近期的生产经营状况等一般情况。对于不同行业的企业,报告的内容应该根据实际情况来确定,但是应当以全面、简洁为原则。

(2)事故发生时间、地点及现场情况。报告事故发生的时间应当具体,并尽量精确到分钟。报告事故发生的地点要准确,除事故发生的中心地点外,还应当报告事故所波及的区域,设备设施的毁损情况;事故发生前后的现场情况,便于前后比较,分析事故原因。

(3)事故简要经过。事故的简要经过是对事故全过程的简要叙述。核心要求在于"全"和"简"。"全"就是要全过程描述;"简"就是要简单明了。描述要前后衔接、脉络清晰、因果相连。

(4)事故已造成或可能造成的伤亡人数(包括下落不明、涉险的人数):对于人员伤亡情况的报告,应当遵守实事求是的原则,不作无根据的猜测,更不能隐瞒实际伤亡人数。对直接经济损失的初步估算,主要指事故所导致的建筑物的毁损、生产设备设施和仪器仪表的损坏等。由于人员伤亡情况和经济损失情况直接影响事故等级的划分,并据此决定事故的调查处理等后续重大问题,在报告这方面情况时应当谨慎细致,力求准确。

(5)已经采取的措施。已经采取的措施主要是指事放现场有关人员、事故单位负责人、已经接到事故报告的安全生产管理部门为减少损失、防止事故扩大和便于事故调查所采取的应急救援和现场保护等具体措施。

(6)其他应当报告的情况。对于其他应当报告的情况,应当根据实际情况具体确定。如较大以上事故还应当报告事故所造成的社会影响、政府有关领导和部门现场指挥等有关情况,能够初步判定的事故原因等。

事故处理过程及报告通常应该涵盖以下基本内容：

“事故发生经过和救援情况”包括：事故发生前的运输作业状况；事故发生的具体时间、地点；事故现场状况及事故现场保护情况；事故发生后采取的应急处置措施情况；事故报告经过；事故抢救及事故救援情况；事故的善后处理情况；其他与事故发生经过有关的情况。

“事故造成的人员伤亡情况”主要有：事故当场人员伤亡情况及人员失踪情况；事故抢救过程中人员伤亡情况；最终伤亡情况；其他与事故发生有关的人员伤亡情况。“事故造成的直接经济损失情况”包括：人员伤亡后所支出的费用，如医疗费用、丧葬及抚恤费用、补助及救济费用、歇工工资等；事故善后处理费用，如处理事故的事务性费用、现场抢救费用、现场清理费用、事故罚款和赔偿费用等；事故造成的财产损失费用，如固定资产损失价值、流动资产损失价值等。

“事故发生原因”包括直接原因间接原因。事故直接原因主要是物的不安全状态、人的不安全行为（如操作人员的错误操作等）。事故的间接原因主要是没有安全规章制度、操作规程或安全规章制度、操作规程不正确、不健全，没有组织培训教育或培训教育不够，劳动组织不合理，对现场工作缺乏检查或指导错误，对事故隐患排查整改不力等。“事故性质”有责任事故、非责任事故和不可抗拒事故之分。责任事故的责任有直接责任、主要责任和领导责任之分。责任事故，是指人、机、物、环的不安全状态没有消除而造成的事故；非责任事故，是指因当前的科学技术条件的限制没有认知而没有采取防范措施造成的事故；不可抗拒事故，是指不能预见、不能避免并不能克服的客观情况造成的事故，如地震、战争、未能预报的特殊天气等。直接责任者，是指其行为与事故发生有直接因果关系的人员，如违章作业人员等；主要责任者，是指对事故发生负有主要责任的人员，如违章指挥者；领导责任者，是指对事故发生负有领导责任的人员，主要是政府及其有关部门的人员。

“事故责任划分及责任者的处理建议”是指通过事故调查分析，在认定事故的性质和事故责任的基础上，对责任事故者的处理建议。其主要包括：对责任者的行政处分、纪律处分建议；对责任者的行政处罚建议；对责任者追究刑事责任的建议；对责任者追究民事责任的建议。

“事故教训及防范措施”要求企业要认真总结事故的教训，主要是在安全生产管理、安全生产投入，安全生产条件等方面存在哪些薄弱环节、漏洞和隐患，要认真对照问题查找根源，提出防范和整改措施。防范和整改措施要有针对性、可操作性、适用性和时效性，并不折不扣地落实，防止事故再次发生。

第六节 编制步骤

因标准原文中的表述已经很清楚,且也简单,不会产生异议,故在此不再赘述。

第七节 格式和要求

因标准原文中的表述已经很清楚,且也简单,不会产生异议,故在此不再赘述。

《危险货物道路运输企业运输事故应急预案编制要求》（JT/T 911—2014）释义

第一节 适用范围

本标准规定了危险货物道路运输企业运输事故应急预案的编制步骤、预案内容以及文本格式与要求。

本标准适用于指导危险货物道路运输企业编制危险货物运输过程中事故应急预案。

【依据】

《中华人民共和国道路运输条例》第三十二条规定："客运经营者、货运经营者应当制定有关交通事故、自然灾害以及其他突发事件的道路运输应急预案。"

《危险化学品安全管理条例》第七十条规定："危险化学品单位应当制定本单位危险化学品事故应急预案，配备应急救援人员和必要的应急救援器材、设备，并定期组织应急救援演练。"

《道路危险货物运输管理规定》第四十九条规定："道路危险货物运输企业应当加强安全生产管理，制定突发事件应急预案。"

【释义】本条规定了本标准的内容和适用范围。

危险货物道路运输是指使用载货汽车通过道路运输危险货物作业的全过程。该过程的执行者是危险货物道路运输企业，作业范围是"道路"。在《中华人民共和国道路交通安全法》中明确指出："道路是指公路、城市道路和虽在单位管辖范围，但允许社会机动车通行的地方，包括广场、公共停车场等用于公众通行的场所。"因此，在非道路范围内，如厂区、港区内运输危险货物过程中发生的事故不适用本标准。

在危险货物道路运输过程中，人员操作失误、车辆设备等机械故障、危险货物物理或化学变化等因素，极易引发道路交通事故，造成人员伤亡、财产损失、环境污染等，且危险货物发生运输事故所造成的后果要远远大于普通的交通事故。因此针对危险货物道路运输过程中的事故编制应急预案显得尤为重要。

本标准规定了危险货物道路运输企业运输事故应急预案的编制步骤、预案内容以及文本格式与要求，为加强企业对危险化学品道路运输事故的有效控制、最大限度地降低事故危害程度提供了保障。

第二节　术语和定义

2.1　事故

危险货物道路运输过程中，突然发生的，造成或者可能造成社会危害，需要采取应急处置措施予以应对的紧急事故。如道路交通事故，运输车辆着火燃烧，车载危险货物发生泄漏、燃烧、爆炸等事故。

【依据】

《中华人民共和国突发事件应对法》第三条规定："本法所称突发事件，是指突然发生，造成或者可能造成严重社会危害，需要采取应急处置措施予以应对的自然灾害、事故灾难、公共卫生事件和社会安全事件。"

【释义】本条是关于事故的定义。

本标准依据《中华人民共和国突发事件应对法》和《公路交通突发事件应急预案》，结合本标准的适用范围给出了事故的定义。本标准事故发生的时间和场所为：突然发生在危险货物道路运输过程中；事故的严重程度为：造成或者可能造成社会危害并且需要采取应急处置措施；事故的类型包括道路交通事故，运输车辆着火燃烧、车载危险货物发生泄漏、燃烧、爆炸等。定义中强调了是危险货物道路运输过程中的事故，指出了事故可能造成社会危害，并作了列举。社会危害主要是指伤害人民群众生命和财产安全，污染、破坏环境等。

危险货物道路运输事故一旦发生，危害性极大，而及时采取合理有效的应急处置措施，能够很大程度地减少甚至避免相应的损失。

在事故发生初期，驾驶人员和押运人员采取的诸如正确停车、切断电源等初期处置措施，可以有效控制事故蔓延，为救援争取时间。同时在事故现场采取一切可能的警示措施，如放置警告牌、设置警戒线、广播报警等，可有效避免更多的无关人员遭受伤害，把事故损失减少至最少。例如，发生易燃液体罐车泄漏事故时，发现罐车容器管路系统出现有微小泄漏，尽可能在救援队伍到来之前进行检修、堵漏处理，可以有效避免泄漏点扩大，减少泄漏量。而当泄漏量增大、人员无法靠近时，应设置相应警戒隔离标志并立即离开危险区域，避免由于突发爆炸、火灾事故造成人员伤亡。

运输企业在接到事故报告后,应及时有效地向安全生产监督管理部门、环境保护主管部门、卫生主管部门等进行通报,并立即启动应急预案,会同最了解所运危险货物性质的托运人采取检修、灭火、维护现场秩序、警戒设置等应急措施,联络、协助相关救援部门、单位进行事故救援。

安全生产监督管理部门、环境保护主管部门、消防部门、交通运输管理部门等与危险货物运输事故应急工作相关的单位,作为应急救援的主要力量,各方通力合作,积极组织救援工作,采取及时有效的救援措施,是降低事故灾害后果、减少人民生命财产损失的有力保障。例如发生易燃液体罐车大量泄漏事故,尽快将罐体剩余液体进行转移,并进行降温处理,防止突发爆炸事故;疏散事故发生地人员,避免出现伤亡事故,并对受伤人员进行及时抢救、治疗等。

2.2 事故等级

根据事故的社会危害程度和影响范围等因素,将其划分成的四个等级:特别重大事故(Ⅰ级)、重大事故(Ⅱ级)、较大事故(Ⅲ级)、一般事故(Ⅳ级)。

【依据】

《中华人民共和国突发事件应对法》第三条规定:“按照社会危害程度、影响范围等因素,自然灾害、事故灾难、公共卫生事件分为特别重大、重大、较大和一般四级。法律、行政法规或者国务院另有规定的,从其规定。突发事件的分级标准由国务院或者国务院确定的部门制定。”

《公路交通突发事件应急预案》1.3 分类分级规定:“本预案所称公路交通突发事件是指由下列突发事件引发的造成或者可能造成公路以及重要客运枢纽出现中断、阻塞、重大人员伤亡、大量人员需要疏散、重大财产损失、生态环境破坏和严重社会危害,以及由于社会经济异常波动造成重要物资、旅客运输紧张需要交通运输部门提供应急运输保障的紧急事件。各类公路交通突发事件按照其性质、严重程度、可控性和影响范围等因素,一般分为四级:Ⅰ级(特别重大)、Ⅱ级(重大)、Ⅲ级(较大)和Ⅳ级(一般)。”

【释义】本条给出了事故划分为四个等级的规定。

运用死伤人数和经济损失两个综合性指标描述危险货物道路运输事故的社会危害程度和影响范围。运用道路交通事故中的等级划分标准确定危险货物道路运输事故的等级,即将危险货物道路运输事故等级划分成特别重大事件(Ⅰ级)、重大事件(Ⅱ级)、较大事件(Ⅲ级)、一般事件(Ⅳ级)4 个等级。

2.3 危险因素

引起事故的主要影响因素,包括危险货物运输驾驶员、危险货物及包装、运输车辆及安全设备、道路条件、交通状况、沿途的地质环境和恶劣天气。

【释义】本条确定了涉及危险货物道路运输事故的主要因素。

危险货物道路运输事故主要是由人、物、环境和管理4个要素及其相互作用引起的，具体为人的不安全行为、物的不安全状态、不良的外界环境和管理缺陷。其中人指驾驶人员、押运人员和装卸管理人员等，物指车辆及其配件、货物及其包装，环境指道路条件、交通状况和天气情况等，这些都属于事故发生的直接原因，亦是根本原因；管理指管理者按照安全生产的客观规律，对运输系统的人、财、物、信息等资源进行计划、组织、指挥、协调和控制，属于事故发生的间接原因。

2.4 应急预案

针对可能发生的事故，为保证迅速、有序、有效地开展应急与救援行动，消除或减少事故危害、降低事故造成的损失而预先制定的行动计划或方案。

【依据】

《中华人民共和国突发事件应对法》第十八条规定："应急预案应当根据本法和其他有关法律、法规的规定，针对突发事件的性质、特点和可能造成的社会危害，具体规定突发事件应急管理工作的组织指挥体系与职责和突发事件的预防与预警机制、处置程序、应急保障措施以及事后恢复与重建措施等内容。"

【释义】本条明确了制定应急预案的目的。

"预先制定的行动计划或方案"是指针对危险货物道路运输事故应急环节，根据具体危险货物的理化特性、运输要求，有效识别运输过程中存在的风险，科学地预测运输过程中可能发生的事故及其灾害后果，并给出相应的应急处置措施，以达到减少事故造成的人员伤亡、财产损失、环境污染等损害的目的。

2.5 应急响应

依据事故等级，为迅速、有序地开展应急行动而预先进行的组织、物资准备和应急处置工作部署。

【释义】本条明确了应急响应的概念。

应急响应是应急救援活动的重要组成部分，是指在事故真正发生之前，针对可能的危险状况，周密部署各项应对措施，包括应急组织机构的设置、应急资源的调配等，重点是明确有关人员在紧急状况下的职责，以保证有秩序地进行救援，减少损失。

由于不同事故级别所需应急能力不同，为合理安排、利用有效的应急资源，需根据事故级别，划分不同应急响应级别。

2.6 应急处置

事故发生后，为消除、减少事故危害，防止事故扩大或恶化，最大限度地降低事故造成的损失或危害而采取的救援措施和行动。

【释义】本条明确了应急处置的概念。

应急处置主要包括驾驶人员、押运人员以及企业相关人员在事故发生后，采取的救援处置行动。

由于危险货物道路运输事故具有交通事故与危险品事故叠加的双重危害，易对生命、健康、财产和环境造成非常大的影响。而普通民众及一些救援人员对危险品的了解相对较少，因此，危险货物道路运输企业能在第一时间内给救援队伍正确的危害信息、采取科学的前期处置措施，极大限度地避免事故扩散，避免次生灾害的发生是非常重要的。

2.7 应急资源

应急装备、物资、储备的运力和应急救援队伍等。

【依据】

《危险化学品安全管理条例》第四十五条规定："运输危险化学品，应当根据危险化学品的危险特性采取相应的安全防护措施，并配备必要的防护用品和应急救援器材。"第七十条规定："危险化学品单位应当制定本单位危险化学品事故应急预案，配备应急救援人员和必要的应急救援器材、设备，并定期组织应急救援演练。"

《道路危险货物运输管理规定》第四十九条规定："道路危险货物运输企业或者单位应当加强安全生产管理，制定突发事件应急预案，配备应急救援人员和必要的应急救援器材、设备，并定期组织应急救援演练，严格落实各项安全制度。"

《交通运输突发事件应急管理规定》第十四条规定："交通运输企业应当根据实际需要，建立由本单位职工组成的专职或者兼职应急队伍。"第十六条规定："交通运输企业应当将本单位应急装备、应急物资、运力储备和应急队伍的实时情况及时报所在地交通运输主管部门备案。"

【释义】本条确定了应急资源的主要内涵。

1. 应急救援装备和物资

应急救援装备和物资是危险货物道路运输企业根据应急救援的需要和企业的实际情况，配备的用于应急救援的器械、设备、工具和储备资金等。相关应急救援装备和物资至少包括：个人防护用品、警戒保卫器材、消防器材、专业仪器、封堵工具材料、回收设备、应急救援车辆、应急照明设备、通信联络及保障设备、常用救护药品和应急救援资金等。

2. 应急救援队伍

应急救援队伍是指在危险货物运输过程中发生事故时，参加事故救援的单位、人员，主要包括抢修、现场救护、医疗、治安、消防、交通管理、通信、供应、运输、后勤等方面。应急救援队伍是应急救援的有力保障，可以是企业自己组建的，也可以采取与具有专业资质单位签署协议方式拥有的。

危险货物道路运输企业要根据自身条件和应急救援预案的要求，对所需应急救援资源进行补充和调整。而对于不具备条件的资源，企业可以根据应急救援预案的要求，与具备相应条件单位或专业救援部门签订应急救援救助协议，落实相关应急救援救助方案。应急资源强调加强与周边企业的协作，加强应急资源的共享。

第三节　编制步骤

3.1　编制准备

3.1.1　成立由管理人员、专业人员组成的应急预案编制小组，指定负责人。

3.1.2　制定应急预案编制计划，至少应包括以下内容：

a）评估应急预案编制必要性；

b）明确编制人员职责；

c）确定工作方案、进度；

d）制定应急预案编制计划。

3.1.3　收集、调查应急预案编制所需的各种资料，至少应包括以下内容：

a）相关法律法规和技术标准；

b）国内外同行业事故案例分析；

c）车辆技术档案，车辆和从业人员事故违章处理记录；

d）运输线路及沿线的地质环境、交通状况等。

3.1.4　依据附录A制定事故及其灾害后果预测表。

3.1.5　分析本企业和托运人的应急资源。

【释义】本条是对应急预案编制准备的要求。

本条主要包括编制准备，制定应急预案编制计划，收集、调查应急预案编制所需的各种资料，制定突发事件及其灾害后果预测表，以及分析企业及托运人的应急资源等方面。

应急预案是在辨识和评估潜在事故发生的可能性、过程、后果及影响严重程度的基础上，对应急机构与职责、人员、技术、装备、设施（备）、物资、救援行动、指挥与协调等方面预先作出的具体安排。其编制工作涉及面广、专业性强，是一项较复杂的系统工作，需要安全、工程技术、组织管理、医疗急救等各方面的知识，应按一定的步骤进行。

1. 成立编制小组

在成立编制小组方面，要求编制人员要由各方面的专业人员和专家组成，熟悉所负责的各项内容。编制小组要有主管领导担任负责人，成员必须包括企业管理人员、安全、生产、保卫、设备、环境、卫生、人事、财务等多个部门的工作人员，并认真听取地方消防、公安、医疗等单位的意见和建议。

2. 收集资料

在收集所需资料方面，要求对现有的应急计划和应急救援工作有关资料作汇总分析，充分利用已有的危险性评估分析。同时在编制预案之前，需要进行全面、详细的资料收集和整理，其中：

（1）相关法律法规和技术标准，包括国家、行业和地方关于危险货物道路运输的法律法规和技术标准。有关应急救援的法律、法规是开展应急救援工作的重要前提保障，因此在预案编制时，应列出国家、省、地方涉及应急各部门职责要求以及应急预案、应急准备和应急救援的法律、法规文件，以作为预案编制和应急救援的依据和授权。

（2）运输路线及沿线的地址环境、交通状况等，是指依据企业的主要运输产品和运输线路，确定本企业运输途中的危险源，特别是运输途中变化较多的地段、交通拥挤地段，车辆和装卸、加油等运输作业环节等，进行事故风险识别，并指出可能产生的次生、衍生事故，分析结果作为应急预案的编制依据。

3. 制定事故及其灾害后果预测

在制定事故及其灾害后果预测表方面，要求根据本标准附录 A 给出的事故及其灾害后果预测表，企业依据选择的运输线路及环境状况、车辆状况和危险货物性质，确定运输过程中的危险因素，进而推导出可能的事故并预测后果。

应急预案是针对可能发生的事故提出的应急行动计划，事故及其灾害后果预测是应急预案编制的基础。为了更好地引导企业分析运输过程中可能发生的事故，该标准在分析大量事故案例基础上，结合多家运输企业经验，分析了运输过程中的第一危险源和第二危险源，总结出了事故及其灾害后果预测表。

4. 分析应急资源

在分析应急资源方面，要求依据危险源辨识与评价的结果，对现有的应急资源和应急能力进行分析，评估现有消防设施数量分布、人员管理和配置，明确应急救援的需求和不足，并及时改进。

3.2 应急预案编制

根据标准给定的应急预案内容要求，编制应急预案。编制过程中做到责任分明、科学适用、便于操作，并注重与生产单位和托运人的合作。

【依据】

《危险化学品安全管理条例》第六十三条规定："托运危险化学品的，托运人应当向承运人说明所托运的危险化学品的种类、数量、危险特性以及发生危险情况的应急处置措施，并按照国家有关规定对所托运的危险化学品妥善包装，在外包装上设置相应的标志。运输危险化学品需要添加抑制剂或者稳定剂的，托运人应当添加，并将有关情况告知承运人。"

《中华人民共和国道路运输条例》第二十八条规定："运输危险货物应当配备必要的押运人员，保证危险货物处于押运人员的监管之下，并悬挂明显的危险货物运输标志。托运危险货物的，应当向货运经营者说明危险货物的品名、性质、应急处置方法等情况，并严格按照国家有关规定包装，设置明显标志。"

【释义】本条提出了应急预案编制工作的要求。

本标准中编制应急预案强调了与托运人的合作。由于托运人更加了解所托运的危险货物性质，因此应充分发挥其专业优势作用，在预防、应急救援预案编制和应急救援等方面，共同开展工作，使得编制的行动计划和措施更加科学和有效。

3.3 应急预案评审和上报

应急预案编写完后，可组织有关人员、机构和专家进行评审。评审通过后，按规定备案，并经企业主要负责人签署发布。

【依据】

《交通运输突发事件应急管理规定》第十一条规定："交通运输主管部门制定的应急预案应当报上级交通运输主管部门和本级人民政府备案。公共交通工具、重点港口和场站的经营单位以及储运易燃易爆物品、危险化学品、放射性物品等危险物品的交通运输企业所制定的应急预案，应当向所属地交通运输主管部门备案。”

《危险化学品安全管理条例》第七十条规定：“危险化学品单位应当将其危险化学品事故应急预案报所在地设区的市级人民政府安全生产监督管理部门备案。”

【释义】本条规定了应急预案审批和上报的要求。

应急预案编制后应组织开展预案的评审工作，以确保应急预案的科学性、合理性以及与实际情况的符合性。企业应当组织专家对本单位编制的应急预案进行评审，评审应当形成书面纪要并附有专家名单。应急预案经评审完善后，由主要负责人签署发布，并按规定报送上级有关部门备案。

需要强调的是，根据《危险化学品安全管理条例》的规定，应急预案应“报所在地设区的市级人民政府安全生产监督管理部门备案”。

3.4 应急预案更新

有下列情形之一的，应当进行更新：

a) 原则上每两年组织修订、完善应急预案；

b) 应急预案依据的法规、标准发生变化，或者出台新的相关法规和标准；

c) 应急预案涉及的要素发生变化；

d) 应急演练结束后、企业发生事故应急行动结束后取得经验。

【依据】

《交通运输突发事件应急管理规定》第十二条规定：“应急预案应当根据实际需要、情势变化和演练验证，适时修订。”

【释义】编制规范合理、可操作性强的危险货物道路运输过程中事故应急预案，有助于识别运输过程中风险隐患、了解事故的发生机理、明确应急救援的范围和体系，使事故应对处置的各个环节有章可循。

然而，编制应急预案不是一劳永逸的工作。在编制危险货物道路运输过程中事故应急预案时，涉及运输企业、危险货物性质及运量、从业人员、运输车辆及容器、运输线路、应急救援组织、应急救援资源、气候条件等诸多要素，这些要素中的一个或者多个发生变化时，事故及其灾害后果预测、驾驶人员和押运人员采取的应急处置措施、现场处置措施、应急响应和行动、应急救援装备和物资的配备、应急救援队伍的组成、事故后期的处置、应急培训和演练等相关事宜就要发生相应变化，使得整个应急预案发生变化。因此，必须根据实际情况和需要对应急预案进行必要的更新，保证应急预案的有效性、合理性和实用性。

第四节　预案内容

【依据】

《交通运输突发事件应急管理规定》第八条规定："应急预案应当根据有关法律、法规的规定，针对交通运输突发事件的性质、特点、社会危害程度以及可能需要提供的交通运输应急保障措施，明确应急管理的组织指挥体系与职责、监测与预警、处置程序、应急保障措施、恢复与重建、培训与演练等具体内容。"

4.1　企业概况

企业基本情况，至少应包括以下内容：

a）　企业地址；

b）　从业人数；

c）　运输车辆车型、罐车罐体材质；

d）　主要运输危险货物联合国编号（UN 编号）、品名、运量、起始地、目的地、行驶路线图等；

e）　企业应急资源。

【释义】本条要求介绍企业的基本情况。

了解企业基本情况是有针对性地开展应急预防、应急处置等工作的前提，这部分内容主要包括：企业地址，从业人数，运输车辆车型、罐车罐体材质，主要运输危险货物联合国编号（UN 编号）、品名、运量、起始地、目的地、行驶路线图等，以及企业应急资源。

4.2　应急救援组织设置

设置应急救援组织，至少包括应急领导组、技术指导组和现场工作组，明确各组职责。

【释义】本条规定了企业内部应急救援组织的设置要求，但有些业务是为了配合人民政府有关部门的工作。危险货物道路运输企业应合理设置应急救援组织，至少应包括应急领导组、技术指导组和现场工作组。

1. 应急领导组

应急领导组主要由危险货物道路运输企业法人或委托法人担任组长，组员由技术、安全、保卫、运输等部门负责人组成，其主要职责有：

(1)组织制定危险货物道路运输过程中事故应急救援预案；

(2)组织应急救援预案的演练；

(3)批准应急救援预案的启动和终止；

(4)确定事故状态下各级人员的职责，确定现场指挥人员；

(5)接受政府的指令和调动。

2. 技术指导组

技术指导组主要由企业具有专业应急救援知识的副经理或者安全部门负责人担任组长，组员由技术、安全、保卫、运输等部门技术人员组成，其主要职责有：

(1)负责抢险方案的制定工作；

(2)负责事故现场的抢险指挥工作，组织指挥应急救援队伍；

(3)协调事故现场有关工作；

(4)负责其他相关方面的指导工作。

3. 现场工作组

现场工作组主要由安全管理人员担任组长，组员由专业安全技术人员、消防人员、环境检测人员、罐车作业人员（驾驶人员、押运人员）、堵漏抢险人员、警戒保卫人员、后勤保障人员等组成，其主要职责有：

(1)负责实施事故救援方案，开展事故应急处置工作；

(2)负责现场治安、交通指挥、设立警戒、附近人群疏散等工作；

(3)负责保护事故现场及相关物证、资料；

(4)负责及时报告现场有关情况；

(5)负责事故救援后现场处理工作；

(6)负责实施应急领导组交办的其他工作。

4.3 事故及其灾害后果预测

依据附录A确定可能引起的事故，预测灾害后果，形成事故及其灾害后果预测表，示例参见附录B。

【释义】本条提出了对事故及其灾害后果的预测。

应急预案是针对可能发生的事故提出的应急行动计划，事故及其灾害后果预测是应急预案编制的基础。为了更好地引导企业分析运输过程中可能发生的事故，本标准在分析大量事故案例基础上，结合多家运输企业经验，分析了运输过程中的第一危险源和第二危险源，总结出了事故及其灾害后果预测表。运用此表，企业可以依据选择的运输线路及环境状况、车辆状况和危险货物性质，确定运输过程中的危险因素，进而推导出可能的事故，预测后果。

4.4 驾驶人员和押运人员应急处置

4.4.1 停车处置，至少应明确以下内容：

a） 立即停车，明确停车后将发动机熄火并切断所有电源的规定；对于无法立即停车的，明确移动后停车的条件，以及停车位置的要求；

b） 撤离驾驶室时需要携带安全卡等重要资料清单。

4.4.2 事故发生时的信息报告，至少应明确以下方面：

a） 事故发生地报警电话；

b） 事故发生地交通运输主管部门、本企业24h有效的联络方式、手段；

c） 事故信息报告的流程和时限；

d） 事故信息报告的内容和方式。

4.4.3 事故信息报告的内容，至少应包括以下部分：

a） 报告人姓名、联系方式；

b） 发生的事故及部位；

c） 发生时间、具体地点（如，×××公路×××km处）、行驶方向；

d） 车辆牌照、荷载吨位、车辆类型、罐车罐体容积，当前状况；

e） UN编号、危险货物品名和数量，当前状况；

f） 人员伤亡及危害情况；

g） 已采取或拟采取的应急处置措施。

4.4.4 现场处置，针对灾害后果预测表中事故和灾害后果，至少应明确以下内容：

a） 个体防护措施；

b） 初期应急处置措施；

c） 放置警告标志、设置警戒、协助疏散人员方案；

d） 现场保护方案；

e） 配合政府部门开展应急救援的要求。

【依据】

《危险化学品安全管理条例》第五十一条规定：“剧毒化学品、易制爆危险化学品在道路运输途中丢失、被盗、被抢或者出现流散、泄漏等情况的，驾驶人员、押运人员应当立即采取相应的警示措施和安全措施，并向当地公安机关报告。公安机关接到报告后，应当根据实际情况立即向安全生产监督管理部门、环境保护主管部门、卫生主管部门通报。有关部门应当采取必要的应急处置措施。”

《道路危险货物运输管理规定》第五十一条规定:“在危险货物运输过程中发生燃烧、爆炸、污染、中毒或者被盗、丢失、流散、泄漏等事故,驾驶人员、押运人员应当立即根据应急预案和《道路运输危险货物安全卡》的要求采取应急处置措施,并向事故发生地公安部门、交通运输主管部门和本运输企业或者单位报告。道路危险货物运输管理机构应当公布事故报告电话。”

《道路交通事故处理程序规定》第八条规定:“道路交通事故有下列情形之一的,当事人应当保护现场并立即报警:……(四)载运爆炸物品、易燃易爆化学物品以及毒害性、放射性、腐蚀性、传染病病原体等危险物品车辆的……”第九条规定:“公路上发生道路交通事故的,驾驶人必须在确保安全的原则下,立即组织车上人员疏散到路外安全地点,避免发生次生事故。驾驶人已因道路交通事故死亡或者受伤无法行动的,车上其他人员应当自行组织疏散。”第十条规定:“公安机关及其交通管理部门接到道路交通事故报警,应当记录下列内容:

(一)报警方式、报警时间、报警人姓名、联系方式,电话报警的,还应当记录报警电话;

(二)发生道路交通事故时间、地点;

(三)人员伤亡情况;

(四)车辆类型、车辆牌号,是否载有危险物品、危险物品的种类等;

(五)涉嫌交通肇事逃逸的,还应当询问并记录肇事车辆的车型、颜色、特征及其逃逸方向、逃逸驾驶人的体貌特征等有关情况。

报警人不报姓名的,应当记录在案。报警人不愿意公开姓名的,应当为其保密。”

【释义】本条是对现场驾驶人员和押运人员应急处置的规定。

《中华人民共和国突发事件应对法》明确规定了国家应急救援体系。从国家应急救援系统看,危险货物道路运输企业不仅是事故现场的发现者,而且是现场的第一施救者和应急救援的协作者,其主要职责就是全面、准确和及时地将信息报送到相关部门,并在条件许可的情况下,采取初期的处置措施,赢得最佳救援时机。

(1)在停车处置方面。为了解所运货物的危险性、泄漏处理、储运要求、急救措施、灭火方法、各部门联系电话等,驾驶人员或押运人员撤离驾驶室时需携带《道路运输危险货物安全卡》。

在信息报告方面。全面、准确和及时地将信息报送到相关部门是驾驶人员最主要的职责,因此合理地确定事故报告内容,显得尤为主要。按照交通运输部

《交通运输突发事件信息报告和处理办法》对信息报告的要求和规定，本标准从运输的危险货物及其当时的状态、运送的车辆及当时的状态，事故基本信息及其已经产生的影响、采取的措施等方面确定了需报送的内容。

（2）在现场处置方面。事故发生后，驾驶人员需采取以下现场处置措施：

①个体防护，以确保自身安全，如穿防护服、佩戴自供正压式呼吸器、停留在上风向等。

②初期应急处置。事故报告后，驾驶人员应根据危险货物的不同特性，采取相应的应急措施。如针对爆炸品爆炸燃烧等事故，需用水冷却灭火，不能采取窒息法或隔离法；对其撒漏物，应及时用水湿润，再撒以锯末或棉絮等松软物品收集并保持相当湿度，报请公安部门或消防人员处理。

③放置警告标志、设置警戒、协助疏散人员。警告标志和警戒的设置应按照《中华人民共和国道路交通安全法实施条例》和《道路危险货物运输管理规定》的规定规范设置。

④现场保护。肇事车停位，伤亡人员倒位，各种碰撞碾压的痕迹，制动拖痕，血迹及其他散落物品均属保护内容，不得破坏、伪造。如危险货物泄漏有爆炸、火灾、中毒可能危及安全时，驾驶人员应劝导和阻止无关人员和车辆进入现场。

运输事故中，驾驶人员和押运人员是现场的第一发现者和施救者，主要职责就是全面、准确和及时地将信息报送到相关部门，并在条件许可的情况下，采取初期的处置措施，赢得最佳救援时机。依据交通运输部《道路危险货物运输管理规定》第五十一条对事故处置规定、报警，公安部《道路交通事故处理程序规定》第三章对报警和受理的要求，以及《公路交通突发事件应急预案》3.2 节应急处置的规定，确定了驾驶人员和押运人员在事故中主要职责为正确停车、有效的事故报警和报告，自我防护，在条件许可情况下设置警戒、警告标志，协助疏散人员和配合救援。

4.5 企业应急处置

4.5.1 信息报送与通信联络，至少应明确以下内容：

a) 当地安全生产监督管理部门、环境保护、公安、卫生主管部门有效的联络方式和手段；

b) 本企业和托运人 24h 有效的应急通信联络方式；

c) 事故信息接收和通报程序、内容和时限。

4.5.2 响应分级

依据事故等级，确定应急响应级别。

4.5.3 应急响应和行动

依据应急响应级别,至少应明确以下内容:

a) 应急指挥;

b) 分析、评估事态及发展;

c) 对现场应急处置的技术指导;

d) 应急资源调配;

e) 接受主管部门的组织、调度和指挥,协助应急救援;

f) 扩大应急。

4.5.4 应急结束,至少应明确以下内容:

a) 应急终止条件;

b) 事故情况上报事项;

c) 需向事故调查处理小组移交的相关事项。

【依据】

《道路危险货物运输管理规定》第五十一条规定:“运输企业或者单位接到事故报告后,应当按照本单位危险货物应急预案组织救援,并向事故发生地安全生产监督管理部门和环境保护、卫生主管部门报告。”

《交通运输突发事件应急管理规定》第三十七条规定:“交通运输企业应当加强对本单位应急设备、设施、队伍的日常管理,保证应急处置工作及时、有效开展。交通运输突发事件应急处置过程中,交通运输企业应当接受交通运输主管部门的组织、调度和指挥。”

【释义】本条是对企业应急处置的规定。

在响应分级方面。危险货物道路运输事故可能造成不同程度的人员、财产及环境危害,企业需要有针对性地采取相应的应急响应,并对应急救援组织的行动作出规定,以确保有秩序地进行救援,减少事故损失。基于危险货物道路运输事故等级的划分,响应级别设三级。

Ⅲ级响应针对一般事故,要求事发单位立即按照现场应急处置方案采取紧急措施,相关职能部门和事发单位的主要负责人应在最短时间内赶赴现场,参与制定方案,指导、协调和督促有关人员开展工作。

Ⅱ级响应针对较大事故,需要应急指挥领导小组副组长和相关职能单位主要负责人应在最短时间内赶赴现场,参与制定方案,指导、协调和督促有关部门开展工作,并配合与协调外部救援力量和政府部门的事故应急救援行动。

Ⅰ级响应针对重大及以上事故,应急领导组组长和相关职能部门主要负责人应在最短时间内赶赴现场，参与制定方案，指导、协调和督促有关部门开展工作，并配合与协调外部救援力量和政府部门的事故应急救援行动。当事故对企业造成极恶劣的影响或企业无法自行处置时，企业应立即上报地方主管部门，必要时启动地方应急处置机制。

应急指挥部接到事件报警后，根据事件的详细信息，对警情作出判断。确定可能的响应级别后，迅速上报和通知相应的应急组织机构，及时开展应急救援工作。

4.6 信息发布

明确事故信息发布的条件、部门、范围和内容等。

4.7 后期处置

恢复和重建等后期处置措施，至少应明确以下内容：

a） 污染物处理；

b） 受伤人员处理；

c） 事故后果影响消除和生产运输秩序恢复；

d） 善后赔偿；

e） 事故经过、原因和应急处置工作经验教训报告；

f） 应急预案的更新。

【依据】

《中华人民共和国突发事件应对法》第五十三条规定："履行统一领导职责或者组织处置突发事件的人民政府，应当按照有关规定统一、准确、及时发布有关突发事件事态发展和应急处置工作的信息。"第五十四条规定："任何单位和个人不得编造、传播有关突发事件事态发展或者应急处置工作的虚假信息。"第五十六条规定："突发事件发生地的其他单位应当服从人民政府发布的决定、命令，配合人民政府采取的应急处置措施，做好本单位的应急救援工作，并积极组织人员参加所在地的应急救援和处置工作。"第五十八条规定："突发事件的威胁和危害得到控制或者消除后，履行统一领导职责或者组织处置突发事件的人民政府应当停止执行依照本法规定采取的应急处置措施，同时采取或者继续实施必要措施，防止发生自然灾害、事故灾难、公共卫生事件的次生、衍生事件或者重新引发社会安全事件。"

《交通运输突发事件应急管理规定》第三十四条规定："交通运输突发事件发生后，负责或者参与应急处置的交通运输主管部门应当根据有关规定和实际需要，采取以下措施：……（七）建立新闻发言人制度，按照本级人民政府的委托或者授权及相关规定,统一、及时、准确地向社会和媒体发布应急处置信息……”第三十七条规定:“交通运输突发事件应急处置过程中,交通运输企业应当接受交通运输主管部门的组织、调度和指挥。”

【释义】以上两条是对信息发布和后期处置的规定。

根据我国事故应对法,发生的道路运输事故,根据其危害程度大小,由各级政府部门组织救援,包括应急响应、应急处置、信息发布及后期处置等环节。而事故发生地的其他单位和道路运输企业应当服从政府发布的决定和命令,配合政府采取应急处置措施,接受交通运输主管部门的组织、调度和指挥,做好本单位的应急救援和处置工作。因此,危险货物道路运输企业应根据政府和交通运输主管部门的要求,给出事故信息发布的条件,明确信息范围和内容;同时,根据相关法律法规要求,积极实施恢复和重建等后期处置措施。

4.8 应急保障

至少应明确以下内容:

a) 与应急工作相关联的单位或人员通信联系方式和方法,并提供备用方案;

b) 本企业和托运人的应急救援队伍;

c) 应急装备、物资和储备运力,主要包括名称、型号、数量、性能、存放地点、管理者及其通信联系方式等;

d) 应急专项经费,主要包括来源、使用范围、额度和监督管理措施;

e) 其他相关保障,如运输保障、治安保障、技术保障、医疗保障、后勤保障等。

【依据】

《交通运输突发事件应急管理规定》第十三条规定:“交通运输主管部门、交通运输企业应当按照有关规划和应急预案的要求,根据应急工作的实际需要,建立健全应急装备和应急物资储备、维护、管理和调拨制度,储备必需的应急物资和运力,配备必要的专用应急指挥交通工具和应急通信装备,并确保应急物资装备处于正常使用状态。”

【释义】危险货物道路运输事故的应急保障是一项系统工程,不是某个部门或某个人所能独立解决的,它需要处理事故的各要素主体共同参与、相互配合完成,其中包括中央及地方各级政府、危险货物道路运输管理机构、危险货物道路运输行业协会、危险货物道路运输企业等相关部门。政府作为事故应急保障的最核心要素,起到统筹协调、全面指导的作用。而危险货物道路运输企业作为危险货物道路运输的主要执行者，应保证基本的应急能力，形成一套完备的事故应急保障体系，至少包括与参与救援的部门联系方式、应急队伍、应急装备、物资和储备运力，以及应急专项经费和其他相关保障等。一旦发生事故，企业可以配合政府，在最短的时间内调配人力和物力，启动应急预案和快速响应机制，指挥各要素主体快速投入应急救援当中。

4.9 应急培训和演练

4.9.1 应急培训，至少应明确以下内容：

a) 培训对象；

b) 培训内容；

c) 培训方式；

d) 培训频率和时间。

4.9.2 应急演练，至少应明确以下内容：

a) 演练目标、内容、规模；

b) 参加演练的部门及人员；

c) 演练频次；

d) 评估、总结。

【依据】

《道路危险货物运输管理规定》第四十八条规定："道路危险货物运输企业或者单位应当通过岗前培训、例会、定期学习等方式，对从业人员进行经常性安全生产、职业道德、业务知识和操作规程的教育培训。"

《交通运输突发事件应急管理规定》第二十条规定："交通运输企业应当按照交通运输主管部门制定的应急预案的有关要求，制订年度应急培训计划，组织开展应急培训工作。"第二十一条规定："交通运输主管部门、交通运输企业应当根据本地区、本单位交通运输突发事件的类型和特点，制订应急演练计划，定期组织开展交通运输突发事件应急演练。"

【释义】为全面提高应急能力，应急预案应对应急训练和演练作出相应的规定，包括其内容、方式、频率和总结等。同时各级安全生产监督管理部门、生产经营单位应当采取多种形式开展应急预案的宣传教育，普及生产安全事故预防、避险、自救和互救知识，提高从业人员安全意识和应急处置技能。

各级安全生产监督管理部门应当定期组织应急预案演练，提高本部门、本地区生产安全事故应急处置能力。危险货物道路运输企业应当编制本企业的应急预案演练计划，根据本企业的事故预防重点，每年至少组织一次综合应急预案演练或者专项应急预案演练，每半年至少组织一次现场应急预案演练。应急预案演练结束后，应急预案演练组织单位应当对应急预案演练效果进行评估，撰写应急预案演练评估报告，分析存在的问题，并对应急预案提出修订意见。

第五节　格式和要求

因标准原文中的表述已经很清楚，且也简单，不会产生异议，故在此不再赘述。

附参考资料

编　号：×××
版本号：×××

×××企业运输事故应急预案

×××企业
签发人：×××（加盖公章）
实施日期：××××年××月××日

目　　录

8.2　应急队伍保障

8.3　应急物资装备保障

8.4　经费保障

8.5　其他保障

9　应急培训和演练

9.1　应急培训

9.2　应急演练

10　附件

附件10-1　液氯安全技术说明书

附件10-2　企业内部人员应急联系表

附件10-3　外部关联单位应急通信联系表

附件10-4　应急救援专业队伍

附件10-5　企业内部所配备的应急物资装备

附件10-6　事故应急救援服务协议

前　言

本应急预案依据交通运输部行业标准《危险货物道路运输企业运输事故应急预案编制要求》(JT/T 911—2014)编制。作为本企业安全生产系列应急预案之一,本应急预案编制目的在于提高危险货物道路运输事故应急处置的能力,最大限度地预防和减少运输事故的损失,保护国家、企业和员工生命财产的安全,维护社会稳定,保证企业正常生产,促进企业的持续有效较快协调发展。

本应急预案适用于×××企业及各分公司。

×××企业运输事故应急预案

1 企业概况

×××企业创建于××××年,总部位于×××。企业现有员工×××人,其中驾驶人员××名,押运人员××名,安全管理人员××名;现拥有车辆×××辆,其中×××型车有××辆,其罐体为×××材质,运量为×××,×××型车有××量,其罐体为×××材质,运量为×××,主要从事液氯(UN 编号为1017)运输,产品主要从×××运往×××,现有固定行车路线×××条。企业在运输过程中存在危险化学品泄漏、火灾爆炸等隐患。企业配有常规消防器材和装备,同时配有特殊装备,如防护设备、测量仪器和堵漏用的密封材料等。

2 应急救援组织设置

2.1 应急救援组织机构

企业设有应急领导组、技术指导组和现场工作组等救援小组,其中现场工作组又分为通信调度组、消防人员组、人员救护组、运输保障组等相关应急小组,具体如图1所示。Ⅰ、Ⅱ、Ⅲ级别的事故应急组织结构相同,只是组织岗位的承担者有所区别,具体见表1。

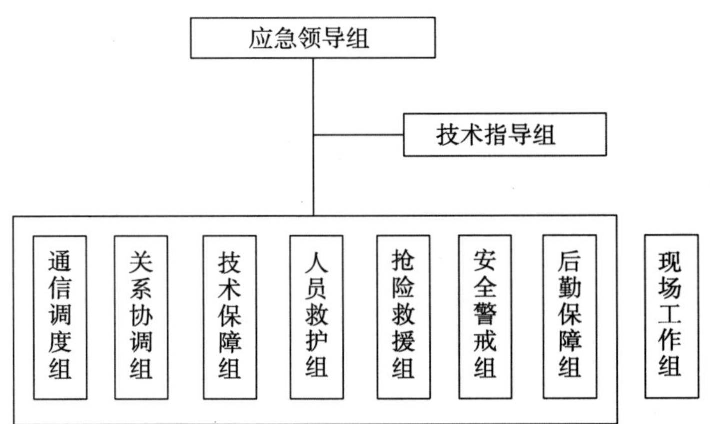

图1 应急救援组织机构设置图

企业应急组织机构及分工　　表1

应急组织岗位	承担者		职　责
	Ⅰ~Ⅳ级突发事件	Ⅴ级突发事件	
总指挥	总经理	分公司、分队经理、队长	(1)发生事故时,批准启动和终止本预案; (2)组织指挥应急队伍实施救援行动; (3)向上级汇报或向临近单位通报事故情况,必要时向有关单位发出救援请求; (4)总结应急救援经验教训
副总指挥	副总经理	副经理、副队长	(1)协助总指挥负责应急救援的具体指挥工作; (2)负责突发事件处置时的安全调度工作
通信调度组	总经办运营管理部	行政科、调度科	(1)担负各组之间的联络和对外联络的任务; (2)负责与其他小组业务进展情况保持联络; (3)负责与企业领导保持联络并汇报抢险工作开展情况
关系协调组	总经办、安全管理部	行政科	(1)负责与110、119、122、120等部门的协调工作; (2)负责与当地安检局等政府相关部门进行关系协调; (3)负责处理抢险完毕后的政府协调工作; (4)负责日常沿途城市政府、安检等部门关系协调
技术保障组	厂家技术人员	厂家技术人员	(1)负责事故现场的抢险指挥工作; (2)负责抢险方案的制定工作
人员救护组	医护人员	医护人员	负责受伤人员的就地抢救和转院治疗工作
抢险救援组	分公司、分队	分公司、分队	(1)负责与外埠就近的抢险小组的沟通协调工作; (2)负责抢险抢修和指挥协调; (3)负责突发事件现场的抢险抢修工作

续上表

应急组织岗位	承担者		职责
	Ⅰ~Ⅳ级突发事件	Ⅴ级突发事件	
安全警戒组	警卫人员及驾驶人员	警卫人员及驾驶人员	担负现场治安、交通指挥、设立警戒、指导员工、疏散附近人群等任务
后勤保障组	财务部、总经办、调度中心	财务部、总经办、调度中心	(1)负责现场车辆的疏导和调度工作; (2)负责应急救援物资保障工作。担负伤员的生活必需品,抢救物资的采购、供应,受伤人员、抢救人员和救援物资的交通运输、应急生活安排等任务

2.2 组成人员

2.2.1 应急领导组成员

组长:总经理

副组长:副总经理

组员:总经办主任、车辆管理部主任、运营管理部主任、财务部主任、调度中心主任、安全管理部主任、分公司经理、分队队长及各部门相关人员

2.2.2 技术指导组成员

组长:分管安全生产的副总经理

副组长:安全管理部经理

组员:技术、安全、保卫、运输、通信等部门技术人员组长

2.2.3 现场工作组成员

组长:安全管理部主任

副组长:安全管理部副主任

组员:通信联络人员、技术保障人员、救护人员、安全警戒人员、罐车作业人员(驾驶人员、押运人员)、堵漏抢险人员、警戒保卫人员、后勤保障人员

2.3 主要职责

依据企业应急组织机构设置,指挥机构成员及其职责见表1。

3 事故及其灾害后果预测

依据选择的运输线路及环境状况、车辆状况和液氯的理化性质,确定运输过程中的危险因素。液氯罐车运输可能产生的事故及灾害后果预测见表2,液氯

浓度对人体产生的危害效应见表3，液氯的安全技术说明书见附件10-1。

液氯罐车事故及其灾害后果预测 表2

<table>
<tr><th colspan="2">危险因素</th><th>发生危险场所或路段</th><th>时间段</th><th>可能发生的紧急情况</th><th>后果预测</th></tr>
<tr><td rowspan="2">包装及罐体容器故障</td><td>罐体自身缺陷引起罐体破损</td><td></td><td></td><td>罐体内液氯介质的泄漏、燃烧、爆炸等安全事故的发生</td><td rowspan="4">1. 健康危害
(1)侵入途径：吸入；
(2)健康危害：对眼、呼吸道黏膜有刺激作用；
(3)急性中毒；
(4)慢性影响；
(5)液态氯蒸发时要吸收大量热，接触液氯可引起严重冻伤；
(6)氯气浓度与对人体产生的危害效应见表3。
2. 环境危害
对植物、禽兽、具有不同程度的破坏作用</td></tr>
<tr><td>阀门泄露</td><td></td><td></td><td>液氯介质泄漏</td></tr>
<tr><td>自然气候</td><td>高温暴晒</td><td></td><td></td><td>罐体压力升高，造成罐体爆炸或安全阀开启，导致液氯介质泄漏</td></tr>
<tr><td>交通状况</td><td>行驶过程中车辆事故</td><td></td><td></td><td>引发液氯罐车的罐体破损，安全阀、压力表、液位计和装卸阀等损坏，导致液氯介质泄漏、燃烧或爆炸</td></tr>
</table>

液氯浓度对人体产生的危害效应 表3

氯气浓度	效应
(0.2～0.35)ppm	闻到气味(可产生一定的耐受性)
(1～3)ppm	轻微的钻膜刺激，可忍受1h
(5～15)ppm	中度上呼吸道刺激
30ppm	立即产生胸堵、呼吸困难、咳嗽、恶心呕吐
(40～60)ppm	中毒性肺炎和肺水肿
430ppm	30min以上死亡
1000ppm	数分钟内死亡

4 驾驶人员和押运人员应急处置

4.1 停车处置

(1)事故发生后，如发现罐体容器内液氯介质有微小泄漏，必须将罐车开到远离人群、加油站等重点区域的空旷安全地点，靠边停车，并严格监护。

(2)将发动机熄火并切断所有电源，同时设置明显的警戒标志。

(3)携带安全卡紧急撤离。

4.2 信息报告

事故发生后，一名罐车作业人员（驾驶人员、押运人员）应根据安全卡上的单位紧急联系方式立即向企业应急救援办公室报告，另一名作业人员在事故现场进行监控，并防止无关人员靠近。

同时，驾驶人员或押运人员还应向事故发生地的110、119、120、安全监督管理等政府有关部门报告，异地的罐车还应向使用注册登记的质量技术监督行政部门报告。企业内部人员通信应急联系表见附件10-2，与外部关联单位应急通信联系表见附件10-3。

4.3 信息报告内容

信息报告内容至少包括：

(1)信息报告人姓名、联系方式、单位。

(2)发生事故的类型（如泄漏、燃烧、翻车、车辆损伤等）、部位，以及事故相关状况。

(3)事故发生时间，地点，如××公路××处，××行驶方向。

(4)车辆牌照×××××××、荷载吨位××、车辆类型××、罐车罐体容积××，当前状况。

(5)装运液氯罐车的总吨位，装运液氯介质的质量，如泄漏点、泄漏量等当前状况。

(6)人员伤亡及危害情况。

(7)涉嫌交通肇事逃逸的，还应当报告肇事车辆的车型、颜色、特征及其逃逸方向、逃逸驾驶人的体貌特征等有关情况。

(8)周围环境情况（如建筑物性质、交通、人流、天气状况等）。

(9)事故影响范围。

(10)已采取或拟采取的应急处置措施。

4.4 现场应急处置

(1)佩戴好隔离式防毒面具或正压式空气呼吸器。

(2)关闭槽罐进出口阀门，检查泄漏点，并对照安全卡上分析的紧急情况，采取主要应急处置措施包括驾驶人员动作，建议援救力量动作等。

(3)如泄漏量太大，导致无法靠近采取应急救援措施，则在设置相应警戒隔离标志后，立即离开危险区域，并协助疏散附近无关人员。

(4)现场保护。要对肇事车停位，伤亡人员倒位，各种碰撞碾压的痕迹，制动拖痕，血迹及其他散落物品进行现场保护，不得破坏、伪造。如液氯泄漏有爆炸、火灾、中毒可能危及安全时，为避免发生二次事故，造成人员、财产的损失，要劝导并阻止无关人员和车辆进入现场。

(5)配合政府部门开展应急救援的要求。

(6)积极配合企业和相关救援部门处理善后事宜。

5 企业应急处置

5.1 信息报送与通信联络

本企业和托运人24h有效的通信应急联系表见附件10-2，事故可能发生地安全生产监督管理部门、环境保护部门、公安、卫生主管部门等有效的应急通信联系表见附件10-3。

本企业负责事故信息接收和通报的人员、部门，在接到事故信息报告后，立即将驾驶人员和押运人员通报的信息内容向应急指挥领导组组长报告。

5.2 响应分级

企业应急指挥领导小组接到信息报告后，根据事故的危害程度、影响范围等因素确定事故等级，从而明确应急响应级别。

5.3 应急响应和行动

5.3.1 应急指挥

在确定事故应急响应级别后，立即启动事故应急预案，由应急指挥领导小组统一指挥。提出相应的处置方案，明确现场应急指挥人员、调配应急资源，分派应急救援人员赶赴现场。

5.3.2 分析、评估事态及发展

分配专业人员对事故现场进行持续监控，分析事故现场车辆设备、液氯状态、气候条件等情况，评估事故状态，并预测其发展。

5.3.3 紧急疏散

事故发生时应按应急救援预案的规定和要求，及时疏散事故现场和危险区域内的无关人员。如液氯罐车在运输过程中发生事故时，应立即请求事故发生地的政府启动应急救援预案，由公安等有关部门负责将事故现场和危险区域内的无关人员及时疏散，要特别做好人员聚集区（如居住区、商店、学校、工矿企业等）的疏散工作，并按应急救援预案的要求和规定，将转移的人员安置至安全场所。

人员疏散时，应向事故现场上风区转移。下风区人员需佩戴好正压式空气呼吸器。

组织引导现场无关人员和车辆紧急撤离到警戒线之外，在撤离过程中要保证撤离秩序和人员安全。

5.3.4 事故现场警戒

液氯罐车小泄漏的防护参考距离：初始隔离圆周距离（半径）300m，下风向防护距离2500m（白天）或6000m（晚上）。需要封锁相关交通路口，设立相关警示标志。

抢险救援组到达后，根据地形、风向、风速、事故罐车内液氯储量、泄漏程度，以及周边道路、重要设施、建筑情况和人员密集程度等，按照应急救援技术方案对警戒区域的要求和规定，对泄漏影响范围进行评估。在专家的指导下迅速确定事故现场危险区和安全区，并根据现场情况和事故发展趋势，随时改变警戒区域。

现场总指挥下达设立警戒指令后，由安全警戒组设置警戒范围并实施交通管制。危险区应有明显警戒标志，并有毒、爆炸等警示标志等。警戒区内必须消除一切可能引起火灾的隐患。警戒保卫人员应防止无关人员进入和接近警戒区，并执行24h专人值守制度。

根据事故的性质和灾害程度，以事故现场为中心，通过设置二道警戒线将事故现场由外至内划分为3个区域：群众安全区、现场指挥区和现场救灾区。封锁相关交通路口，实施交通管制。

第一道防线设置在距离事故中心1600m处，以红白带作为警戒线，之外为群众安全区，禁止无关人员及外来无关车辆入内。

第二道防线设置在距离事故中心800m处，以红白带作为警戒线，之内为救灾区，只允许消防施救人员、相关操作人员及特种车辆进入，第一道至第二道防线之间为指挥区，只允许现场指挥部人员、上级有关领导及相关车辆进入。

在警戒区域附近封锁相关交通路口，实施交通管制。协助交警对周边通过无关车辆进行疏导，禁止车辆乱停放，确保交通畅通。

5.3.5 检测、抢险、救援及控制措施

检查人员进入事故区域，采用相应的检查方法对事故程度进行分析，在检查过程中必须根据液氯的特性，佩戴好针对性的防护用品。

抢险救援组在第一时间内根据工艺规程，采取及时切断物料来源、转移危险化学品等措施，以防止事故的扩大。

对事故现场做好实时监测,如有异常情况,及时向应急指挥部报告,应急指挥部会同有关专家根据对实际情况的分析结果决定抢险人员的撤离。

当事故有扩大趋势或现有措施无法消除事故后果影响时,应迅速报警,请求政府有关部门或已经协商的其他企业的应急救援队伍进行应急救援。

同时采取一切可利用的办法(如周围冷却、切断物料来源、中和、吸收等)对各种可能或已造成事故扩大的危险因素进行控制。

5.3.6 受伤人员现场救护、救治与医院救治

当事故现场有中毒、冻伤等受伤人员时,救援人员应首先将受伤人员移至上风处的安全区内,由医护等专业人员进行救治。受伤人员经现场医护等专业人员救护后,应尽快转入医院进行治疗。药物、器材储备信息见附件10-4。

5.3.7 接受主管部门的组织、调度和指挥,协助应急救援

5.3.8 托运方应急处置

托运方应积极提供技术指导和协助。

5.4 应急结束

5.4.1 应急终止条件

当事故处置工作已基本完成,次生、衍生和事故危害被基本消除时,应急响应工作即告结束。符合下列条件之一的,即满足应急终止条件:

(1)事故现场得到控制,事件条件已经消除。

(2)泄漏量已降至规定限值内。

(3)事故造成的危害已被彻底清除,无继续发生可能。

(4)事故现场的各种专业应急处置行动已无继续的必要。

一般和较大突发事故,由政府确定应急响应结束。

5.4.2 事故情况上报

将事故的起因、抢险救援、人员伤亡、财产损失等情况做好记录,并上报安全监督管理局等相关政府部门,其联络方式见附件10-3。

5.4.3 事故相关事项移交

事故相关情况需要作进一步调查时,需向事故调查小组移交相关事项。

6 信息发布

企业应急救援指挥组负责事故和应急救援的信息发布工作。必要时,由总经理代表指挥部,协助地方有关部门做好事故现场新闻发布,正确引导媒体和公众舆论。

7 后期处置

7.1 污染物处理

污染物处置需制定相应的计划，并制定相应的防护措施，防止发生二次事故。根据液氯的理化性质和受污染的具体情况，可采用化学消毒法和物理消毒法处理。

7.2 受伤人员处理

在对受伤人员进行现场救护、救治的基础上，转入医院进行全面、及时的治疗。

7.3 事故后果影响消除和现场恢复

由企业组织相关部门和专业技术人员进行现场恢复，恢复包括现场清理和恢复现场所有功能。

恢复现场前应进行必要的调查取证工作，必要时进行录像、拍照、绘图等。并将这些资料连同事故的信息资料移交给事故调查处理小组。

现场设施功能的恢复，也应制定相应的计划和防护措施。经有关部门、专家对事故现场的安全进行检查合格后，方可解除警戒，恢复交通。

安抚受害和受影响人员，保证社会稳定。

7.4 善后赔偿

事故发生后，由财务部联系保险机构开展相关的保险受理和赔付工作。

7.5 事故总结

应急响应和救援工作结束后，由总指挥牵头，按照事故应急工作原则，认真分析事故原因、经过，收集、整理应急救援工作记录、方案、文件等资料，组织专家对应急救援过程和应急救援保障等工作进行总结和评估，提出改进意见和建议，总结应急处置工作经验教训，制定防范措施，落实安全生产责任制，防止类似事故发生，并将总结评估报告报当地安监局。总结报告的内容应包括：企业基本情况、事故发生经过、现场处置情况、事故后果的初步汇总。

7.6 应急预案更新

分析事故应急救援过程中存在的问题，总结应急行动取得的经验，对现有应急预案进行重新评估，提出改进意见和建议，并进行完善、更新。

8 应急保障

8.1 通信与信息保障

应急中心：110；消防：119；急救：120；环保：12369。

利用现代信息技术，建立准确、及时、快速的事故监测、预测和预警工作机制。同时加强信息发布制度建设，公布应急救援领导小组办事机构抢救人员电话，保证准确、及时报送信息，不得瞒报、缓报和谎报。企业内部人员通信应急联系表见附件 10-2，均包括备用方案；与外部关联单位应急通信联系表见附件 10-3。

8.2 应急队伍保障

建立健全应急处置专业队伍。完善应急救援专业队伍的管理机制，落实应急处置专业人员，并加强对应急处置专业人员的专业技能教育培训。

根据企业具体情况，加强和托运人的联系与配合，成立 × × 个专业救援小组，组织和人员组成及硬件配备见附件 10-4。

8.3 应急物资装备保障

要建立健全应急状态下的资源征集、调用工作机制，做好应急处置所必需的重要物资等资源的合理储备工作。

企业必须配备一定的应急设备和防护用品，以便在发生安全事故时，能快速、正确地投入到应急救援行动中，由财务部长和总经办调度中心实施后勤保障应急行动，负责各种物资设备的调用。

发生危险货物道路运输事故时，事故发生地危险货物道路运输事故应急救援领导小组启动应急救助时，有权指挥、调度本区域应急救援人员和设备、车辆。

企业内部所配备的应急物资装备见附件 10-5。

8.4 经费保障

在成本中列支，专门用于完善和改进企业应急救援体系建设、监控设备定期检测、应急救援物资采购、应急救援演习和应急人员培训等。保障应急状态时生产经营单位应急经费的及时到位。

8.5 其他保障

其他相关应急保障，企业根据应急救援预案的要求，与具备相应条件单位或专业救援部门签订应急救援救助协议，协议书见附件 10-6，落实相关应急救援救助方案。

9 应急培训和演练

9.1 应急培训

针对可能的安全事故情景及承担的应急职责，不同的人员培训不同的内容；

1 年至少进行 1 次培训。

根据企业实际特点，采取多种形式进行，如定期开设培训班、上课、事故讲座、发放宣传资料以及黑板报、公告栏、墙报等，使教育培训形象生动。

应急培训主要内容包括：如何识别危险；如何启动紧急警报系统；危险物质泄漏控制措施等。

9.2 应急演练

危险货物道路运输事故应急救援领导小组办公室每年组织一次应急预案演练。

应急演练可分为演练准备、演练实施和演练总结 3 个阶段。

（1）演练准备阶段。演练策划小组编制演练计划和方案，演练方案主要包括：演练的课题、目标、队伍、规模、内容、范围、组织、评估和总结等。

（2）演练实施阶段。依据演练方案开展，在实施过程中进行记录。

（3）演练总结阶段。演练结束后进行总结和讲评，以检查应急预案是否需要改进，并编写演练报告。

10 附件

附件 10-1 液氯安全技术说明书

液氯安全技术说明书

第一部分 化学品及企业标识

化学品中文名：氯（液化的）。

化学品英文名：Liquid chlorine。

……

第二部分 成分/组成信息

纯品

化学品名称：氯。

有害物成分：氯。

含量：≥99.5%。

CAS No.：7782-50-5。

第三部分 危险性概述

危险性类别：第 2.3 类 有毒（液化）气体。

危险性综述：本品助燃、高毒，具有刺激性，对环境有严重危害，对水体可造成污染。

侵入途径：吸入。

健康危害：对眼、呼吸道黏膜有刺激作用。急性中毒：轻度者有流泪、咳嗽、咳少量痰、胸闷，出现气管炎和支气管炎的表现；中度中毒发生支气管肺炎或间质性肺水肿，病人除有上述症状加重外，出现呼吸困难、轻度紫绀等；重者发生肺水肿、昏迷和休克，可出现气胸、纵隔肺气肿等并发症。吸入极度高浓度的氯气，可引起迷走神经反射性心跳骤停或喉头痉挛而发生"电击样"死亡。皮肤接触液氯或高浓度氯气时，暴露部位可有灼伤或急性皮炎。慢性影响：长期低浓度接触，可引起慢性支气管炎、支气管哮喘等；可引起职业性痤疮及牙齿酸蚀症。

环境危害：对环境有严重危害，对水体可造成污染。

燃爆危险：本品助燃，高毒，具有刺激性。

第四部分 急救措施

皮肤接触：立即脱去污染的衣着，用大量流动清水冲洗。就医。

眼睛接触：提起眼睑，用流动清水或生理盐水冲洗。就医。

吸入：迅速脱离现场至空气新鲜处。呼吸心跳停止时，立即进行人工呼吸和胸外心脏按压术。就医。

食入：无资料。

第五部分 消防措施

危险特性：本品不会燃烧，但可助燃。一般可燃物大都能在氯气中燃烧，一般易燃气体或蒸气也都能与氯气形成爆炸性混合物。氯气能与许多化学品如乙炔、松节油、乙醚、氨、燃料气、烃类、氢气、金属粉末等猛烈反应发生爆炸或生成爆炸性物质。它几乎对金属和非金属都有腐蚀作用。

有害燃烧产物：氯化氢。

灭火方法及注意事项：本品不燃。消防人员必须佩戴过滤式防毒面具（全面罩）或隔离式呼吸器，穿全身防火防毒服，在上风向灭火。切断气源。喷水冷却容器，可能的话将容器从火场移至空旷处。灭火剂：雾状水、泡沫、干粉。

第六部分 泄漏应急处理

应急行动：人员迅速撤离污染区至上风处，并立即进行隔离，小泄漏时隔离150m，大泄漏时隔离450m。现场负责人应立即组织应急处理，尽可能切断泄漏源，抢救中毒者。抢修、抢救人员必须佩戴空气（氧气）呼吸器，穿全身橡胶防毒衣。

消除方法:抢修中应利用现场机械通风设施和事故氯气处理装置等,降低现场氯气浓度。喷雾状水稀释、溶解。构筑围堤或挖坑收容产生的大量废水。气瓶泄漏液氯时,应转动气瓶,使泄漏部位位于氯的气态空间;瓶阀泄漏时,拧紧六角螺母;瓶体焊缝泄漏时,临时采用内衬橡胶垫片的铁箍箍紧。如有可能,用管道将泄漏物导至还原剂(酸式硫酸钠或酸式碳酸钠)溶液,也可以将漏气气瓶浸入石灰乳液中。漏气容器要妥善处理,修复、检验后再用。

第七部分　操作处置与储存

操作处置注意事项:严加密闭,提供充分的局部排风和全面通风。操作人员经过培训持证上岗,严格遵守工艺规程和岗位操作法。操作岗位配备过滤式防毒面具、空气(氧气)呼吸器、橡胶手套和全身橡胶防毒衣等。远离火种、热源以及易燃、可燃物,工作场所严禁吸烟。避免与醇类等有机化学品接触。液氯气瓶搬运时轻装轻卸,防止气瓶及附件破损。配备相应品种和数量的消防器材及泄漏应急处理设备。

储存注意事项:禁止露天存放,不准使用易燃、可燃材料搭设的棚架存放,必须储存在专用库房内。远离火种、热源。库温不超过30℃,相对湿度不宜超过80%。液氯充装量为500kg和1000kg的重瓶,应横向卧放,防止滚动,并留出吊运间距和通道;存放高度不得超过两层;存放期不得超过3个月。应与易燃物或可燃物、醇类、食用化学品分开存放,切忌混储。储区应备有泄漏应急处理设备。应严格执行剧毒品“五双”管理制度。

第八部分　接触控制/个体防护

最高容许浓度:中国MAC(mg/m^3):1;前苏联MAC(mg/m^3):1。

美国TLV-TWA:OSHA1ppm,$3mg/m^3$[上限值];ACGIH0.5ppm,$1.5mg/m^3$。

美国TLV-STEL:ACGIH1ppm,$2.9mg/m^3$。

监测方法:甲基橙比色法;甲基橙分光光度法。

工程控制:严加密闭,提供充分的局部排风和全面通风。提供喷淋洗眼器。

呼吸系统防护:空气中浓度超标时,应当使用过滤式防毒面具(口罩)。紧急事故状态抢险、抢修或撤离时,必须佩戴空气呼吸器或氧气呼吸器。

眼睛防护：呼吸系统防护中已作防护。

身体防护：穿全身橡胶防毒服。

手防护：戴橡胶手套。

其他防护：工作现场禁止吸烟、进食和饮水。工作完毕，淋浴更衣。保持良好的卫生习惯。进入塔罐、容器和限制性空间作业前，必须对设备内气体采样分析，办理《设备内安全作业证》，并有人监护。

第九部分　理化特性

外观与性状：黄绿色、有刺激性气味的气体，液化后为黄绿色透明液体。

PH 值：无意义。

熔点（℃）：-101。

相对密度（水=1）：1.47。

沸点（℃）：-34.5。

相对密度（空气=1）：2.48。

饱和蒸气压（kPa）：506.62（10.3℃）。

燃烧热（kJ/mol）：无意义。

临界温度（℃）：144。

临界压力（MPa）：7.71。

辛醇/水分配系数：无资料。

闪点（℃）：无意义。

引燃温度（℃）：无意义。

爆炸下限[%（V/V）]：无意义。

爆炸上限[%（V/V）]：无意义。

最小点火能（mJ）：无意义。

最大爆炸压力（MPa）：无意义。

溶解性：易溶于水、碱液。

主要用途：液氯一般汽化后使用，用途较为广泛。为强氧化剂，用于纺织、造纸工业的漂白，自来水的净化、消毒、也用来抽取农药、洗涤剂、塑料、橡胶、医药等；制造氯化合物、盐酸、聚氯乙烯等。

第十部分　稳定性和反应活性

稳定性:稳定。

聚合危害:不聚合。

避免接触条件:无资料。

禁忌物:易燃或可燃物、醇类、乙醚、氢等。

燃烧(分解)产物:氯化氢。

分解产物:无资料。

第十一部分　毒理学资料

急性中毒:LC_{50}:850mg/m^3,1h(大鼠吸入);LD_{50}:无资料。

亚急性和慢性毒性:家兔吸入 2 ~ 5mg/m^3,5h/天,1 ~ 9 个月,出现消瘦、上呼吸道炎、肺炎、胸膜炎及肺气肿等。大鼠吸入 41 ~ 97mg/m^3,1 ~ 2h/天,3 ~ 4 周,引起严重但非致死性的肺气肿与气管病变。

致突变性:细胞遗传学分析:人淋巴细胞 20ppm;精子形态学分析:小鼠经口 20mg/kg/5 天(连续)。

刺激性:无资料。

第十二部分　生态学资料

生态学资料:该物质对环境有严重危害,应特别注意对水体的污染,对鱼类和动物应给予特别注意。

生物降解性:无资料。

非生物降解性:无资料。

第十三部分　废 弃 处 置

废弃物性质:危险废物。

废弃处置方法:通常采用以液体烧碱吸收废气制备"次氯酸钠"达到综合利用;极少量的气瓶内废气,可通入石灰乳或液碱进行中和处理。

废弃注意事项：无资料。

第十四部分　运输信息

中国危规编号：23002。

UN 编号：1017。

IMDG 页码：2116。

包装标志：有毒气体。

包装类别：Ⅱ类包装。

包装方法：气瓶、移动式压力容器（罐式集装箱、罐式汽车、铁路罐车）。

运输注意事项：本品铁路运输时限使用耐压液化气企业自备罐车装运，装运前需报有关部门批准。铁路运输时应严格按照铁道部《危险货物运输规则》中的危险货物配备表进行配装。采用气瓶运输时必须戴好气瓶上的安全帽。用充装量为500kg和1000kg的气瓶装运，只允许单层放置，并牢靠固定防止滚动，瓶口一律朝向车辆行驶方向的右方。严禁与易燃物或可燃物、醇类、食用化学品等混运。夏季应早晚运输，防止日光曝晒。公路运输时要按规定路线行驶，禁止在居民区和人口稠密区停留。铁路运输时要禁止溜放。

第十五部分　法规信息（略）

第十六部分　其他信息（略）

附件 10-2　企业内部人员应急联系表

企业内部人员应急联系表

姓名	部门	分机	手机号码	备用手机号码
×××	总经理	××××	×××××××××××	×××××××××××
×××	副总经理	××××	×××××××××××	×××××××××××
×××	总经办、运营管理部	××××	×××××××××××	×××××××××××
×××	总经办、安全管理部	××××	×××××××××××	×××××××××××
×××	财务部、总经办	××××	×××××××××××	×××××××××××
……	……	……	……	……

附件 10-3　外部关联单位应急通信联系表

外部关联单位应急通信联系表

单　　位	联　系　电　话
安全监督管理局	××××××××
消防大队	××××××××
化学急救中心	××××××××
医疗急救中心	××××××××
公安交警部门	××××××××
环境监测中心	××××××××
国家化学事故应急咨询中心	××××××××
……	……

附件 10-4　应急救援专业队伍

应急救援专业队伍

组成	组长	成员	硬件配备
总指挥	总经理	×××、×××	×××××××
副总指挥	副总经理	×××、×××	×××××××
通信调度组	总经办、 运营管理部	×××、×××	×××××××
关系协调组	总经办、 安全管理部	×××、×××	×××××××
技术保障组	厂家技术人员	×××、×××	×××××××
人员救护组	医护人员	×××、×××	×××××××
抢险救险组	分公司、分队	×××、×××	×××××××
安全警戒组	警卫人员及驾驶员	×××、×××	×××××××
……	……	……	……

附件 10-5　企业内部所配备的应急物资装备

企业内部所配备的应急物资装备

序号	名称	数量	存放位置	管理责任人	手机号码
1	×××	××	××××	×××	×××××××××××
2	×××	××	××××	×××	×××××××××××
……	……	……	……	……	……

附件 10-6　事故应急救援服务协议

事故应急救援服务协议

甲方：×××

乙方：×××

甲乙双方本着平等互利、救死扶伤的原则，通过友好协商，同意合作开展针对×××××的事故应急救援服务项目。为了明确双方的职责和任务，特签订以下协议：

一、甲方职责和任务

1. 甲方必须遵守国家安全法律、法规，尽量避免发生运输事故。

2. 甲方设立 24h 联系电话，并保持电话、传真通畅，并负责提供事故相关信息。

……

二、乙方职责和任务

1. 乙方必须设立 24h 急救服务呼叫中心，并保持电话、传真通畅。

2. 乙方接到甲方事故通知后，必须在 5min 之内派出救援车赶往事故现场，甲乙双方救援人员必须保持联系。

……

三、其他

本协议一式两份，双方各执一份，自签订之日起生效，有效期××年。

甲方法人代表（签字）：（甲方盖章）

乙方法人代表（签字）：（乙方盖章）

××××年××月××日

第五章

《危险货物道路运输企业安全生产档案管理技术要求》（JT/T 914—2014）释义

第一节　适应范围

本标准规定了危险货物道路运输企业安全生产档案管理要求、档案分类、归档范围、立卷归档、电子档案。

本标准适用于危险货物道路运输企业安全生产档案管理编制。

【依据】

依据中华人民共和国档案行业标准《归档文件整理规则》(DA/T 22—2000)中的归档文件整理原则和整理方法，设定本标准框架结构为管理要求、档案分类、归档范围、立卷归档、电子档案。

《中华人民共和国安全生产法》第三十二条规定："生产经营单位生产、经营、运输、储存、使用危险物品或者处置废弃危险物品，必须执行有关法律、法规和国家标准或者行业标准，建立专门的安全管理制度，采取可靠的安全措施，接受有关主管部门依法实施的监督管理。"

【释义】本条规定了本标准的内容和适用范围。

危险货物道路运输企业安全生产管理档案的管理，也是安全管理制度的主要组成部分。本标准是专门为危险货物道路运输企业编写的行业标准，也是行业管理部门监督检查的依据。危险货物道路运输企业应遵照执行，道路运输放射性物品企业可参照执行。企业可结合本单位运输实际情况，细化档案编制。

第二节　规范性引用文件

因标准原文中的表述已经很清楚，且也简单，不会产生异议，故在此不再赘述。

第三节　术语和定义

3.1　危险货物道路运输车辆

满足特定技术条件和要求,从事危险货物道路运输的载货汽车。

【释义】本条是关于危险货物道路运输车辆的概念。

《道路危险货物运输管理规定》第三条规定:“本规定所称道路危险货物运输车辆,是指满足特定技术条件和要求,从事道路危险货物运输的载货汽车。”

3.2　危险货物道路运输

使用载货汽车通过道路运输危险货物的作业全过程。

【释义】本条是关于危险货物道路运输的概念。

《道路危险货物运输管理规定》第三条规定:“道路危险货物运输,是指使用载货汽车通过道路运输危险货物的作业全过程。”

注意:载货汽车是以《中华人民共和国机动车行驶证》上的车辆类型为准;道路是以《中华人民共和国道路交通安全法》的道路[1]定义为准;危险货物是以《危险货物品名表》(GB 12268)所列名录为准。

3.3　危险货物道路运输从业人员

经设区的市级人民政府交通运输主管部门考试合格,取得相应从业资格证,从事危险货物道路运输的驾驶人员、押运人员和装卸管理人员。

【释义】本条是关于危险货物道路运输从业人员的概念。

《道路危险货物运输管理规定》第八条规定:“从事道路危险货物运输的驾驶人员、装卸管理人员、押运人员应当经所在地设区的市级人民政府交通运输主管部门考试合格,并取得相应的从业资格证。”

3.4　专职安全管理人员

符合行业管理要求,经考试合格取得安全管理人员资格证,专门从事危险货物道路运输企业安全生产管理的人员。

【释义】本条是关于专职安全管理人员的概念。

[1]道路是指公路、城市道路和在单位管辖范围但允许社会机动车通行的地方,包括广场、公共停车场等用于公众通行的场所。

《危险化学品安全管理条例》第四十三条规定："危险化学品道路运输企业、水路运输企业应当配备专职安全管理人员。"

《中华人民共和国安全生产法》第二十条规定："危险物品的生产、经营、储存单位以及矿山、建筑施工单位的主要负责人和安全生产管理人员，应当由有关主管部门对其安全生产知识和管理能力考核合格后方可任职。"

为科学、准确地确定专职安全管理人员的工作职责，做好建立危险货物道路运输企业专职安全管理人员制度的前期准备工作，交通运输部科技司于2012年7月立项软科学项目，开展了关于危险货物道路运输企业专职安全管理人员制度的研究，并于2014年6月通过评审。此课题研究成果形成了较为成熟的《危险货物道路运输企业专职安全管理人员管理办法》、《危险货物道路运输企业专职安全管理人员从业资格实施办法》和《危险货物道路运输企业专职安全管理人员从业资格培训大纲及考试大纲》，填补了相关制度研究的空白。

第四节　档案管理编制要求

4.1　应依据国家法律、法规、标准对危险货物道路运输管理要求编制安全生产管理档案，内容包括企业安全生产全过程所形成的管理材料。

4.2　归档材料分类管理。

4.3　动态材料及时更新。安全生产过程中形成的动态材料，即：审验、检测、各种记录等，每次完成作业后应归档并整理，保持档案材料之间的有机联系。

【释义】以上三条是关于危险货物道路运输企业档案整理原则和质量要求的规定。

中华人民共和国档案行业标准《归档文件整理规则》（DA/T 22—2000）3 整理原则规定："遵循文件的形成规律，保持文件之间的有机联系，区分不同价值，便于保管和利用。"4　质量要求规定："归档文件应齐全完整。"

本标准第4.1条。危险货物道路运输企业安全生产管理过程也是执行国家法律、法规、标准的过程，形成的管理材料是执行国家法律、法规、标准的原始凭据，与危险货物道路运输管理有关的国家法律、法规、标准主要包括《危险化学品安全管理条例》（国务院令第591号）、《道路危险货物运输管理规定》（交通运输部令2013年第2号）、《汽车运输危险货物规则》（JT 617），以及本标准"2 规范性引用文件"中所列的文件等。

本标准第4.2条。归档材料是企业是否落实安全生产管理制度的凭据，还可为企业在今后的运输生产安全管理工作决策中提供参考的重要资料，也是行业管理部门监督检查的依据。本条依据中华人民共和国档案行业标准《归档文件整理规则》（DA/T 22—2000），从保管和查询的便利角度，要求归档材料区分不同价值，分类管理。

本标准第4.3条。企业的安全生产管理工作是动态、连续的，如企业停车场的面积应随车辆数的增加而相应增加。针对一些时效性强的材料，到期应更新，否则会失效，无实用价值，及时整理的目的是保持档案材料之间的有机联系，确保档案系统的完整性。

第五节 档 案 分 类

5.1 根据类型、功能和档案形成的特点，危险货物道路运输企业档案共分为：企业资质类、人员类、危险货物道路运输车辆类和监督检查类。根据实际需要下设一级类目和二级类目。

5.2 企业资质档案编号为A，一级类目分：企业基本信息、停车场地及设备信息、安全生产管理制度。

5.3 人员档案编号为B，一级类目分：企业管理人员、专职安全管理人员、驾驶人员、押运人员、装卸管理人员，二级类目为人员姓名。

5.4 危险货物道路运输车辆档案编号为C，一级类目分别为各危险货物道路运输车辆。

5.5 监督检查档案编号为D，一级类目分别为各类记录。

【释义】以上五条是关于危险货物道路运输企业档案分类编号规则的规定。

依据中华人民共和国档案行业标准《归档文件整理规则》（DA/T 22—2000）及相关企业档案分类原则，以企业全部档案为对象，结合企业管理职能、档案内容及其形成特点，保持档案之间的有机联系，将便于科学管理与开发利用。《危险化学品安全管理条例》第六条规定："……（五）交通运输主管部门负责危险化学品道路运输、水路运输的许可以及运输工具的安全管理,对危险化学品水路运输安全实施监督,负责危险化学品道路运输企业、水路运输企业驾驶人员、船员、装卸管理人员、押运人员、申报人员、集装箱装箱现场检查员的资格认定。”通常所称的“三关一监督”即:企业资质关、从业人员关、专用车辆技术关及监督检查。以上五条按管理职能,对应交通运输部门职责,规定了企业档案分企业资质类、人员类、专用车辆类与监督检查类,便于日常安全生产管理。

同时依据中华人民共和国档案行业标准《归档文件整理规则》(DA/T 22—2000)及相关企业档案分类编号规则,为识别与区分档案类别,企业资质类、人员类、专用车辆类与监督检查类档案分别采用大写英文字母 A、B、C、D 依次进行标识。

第六节　归档范围

6.1　企业资质档案(A)

6.1.1　企业基本信息(档案编号:A1),应至少包括:

a)　企业概况:企业名称、地址、法定代表人、企业负责人、联系电话、投资总额、注册资本、经营范围、车辆规模、停车场地位置及面积、专职安全管理人员及从业人员数量等基本信息;

b)　《道路运输经营许可证》或《道路运输危险货物许可证》;

c)　《企业法人营业执照》;

d)　安全评估相关材料;

e)　许可相关材料(原始材料)。

【释义】本条是关于企业资质类档案中企业基本信息类资料必须归档的范围。

关于企业资质类、人员类、专用车辆类与监督检查类档案必须归档的范围,是各类档案资料归档的最低要求,资料以信息变更时效长短排序,保持归档资料相对固定,统一按序编号将便于管理与查询。

档案编号:A1 是简写的企业资质类档案中企业基本信息类档案编号,称为“简写档号”,是为方便档案管理设定的,按有关企业档案分类编号规则要求,完整档案编号为 A . A1，A 表示企业资质类档案，A1 表示企业资质类档案中企业基本信息类档案。以下各类档案编号释义类同。

《道路危险货物运输管理规定》第十二条规定："决定准予许可的，在 10 日内向道路危险货物运输经营申请人发放《道路运输经营许可证》，向非经营性道路危险货物运输申请人发放《道路危险货物运输许可证》。"第十七条规定："被许可人应当持《道路运输经营许可证》或者《道路危险货物运输许可证》依法向工商行政管理机关办理登记手续。"第五十条规定："道路危险货物运输企业或者单位应当委托具备资质条件的机构，对本企业或单位的安全管理情况每 3 年至少进行一次安全评估，出具安全评估报告。"

本条材料信息是随企业相关事项发生变更而更新的信息，反映企业总体情况，便于企业管理者或行业管理部门进行安全生产监管。许可相关材料（原始材料）是企业按国家法律、法规设置的，具有国家危险货物道路运输经营资质原始凭据，相关材料可为企业运输生产安全管理工作决策提供参考。如企业概况内容较多，在建档时可用表格方式列出企业概况。

6.1.2 停车场地及设备（当期材料）（档案编号：A2）应至少包括以下内容：

a） 自有或租借三年以上，与经营范围、规模相适应的停车场地证明材料；

b） 配备其他安全防护和消防设施设备清单；

c） 运输生产设备（包括装卸设备）清单。

【释义】本条是关于企业资质类档案中停车场地及设备类资料必须归档的范围。

《危险化学品安全管理条例》第三十四条规定："从事危险化学品经营的企业应当具备下列条件：（一）有符合国家标准、行业标准的经营场所，储存危险化学品的，还应当有符合国家标准、行业标准的储存设施……（五）有符合国家规定的危险化学品事故应急预案和必要的应急救援器材、设备……"

6.1.3 安全生产管理制度（档案编号：A3），应至少包括：

a） 企业主要负责人、安全管理部门负责人、专职安全管理人员安全生产责任制度；

b） 从业人员安全生产责任制度；

c） 安全生产监督检查制度；

d） 安全生产教育培训制度；

e） 从业人员、危险货物道路运输车辆、设备及停车场地安全管理制度；

f） 应急救援预案制度；

g） 安全生产作业规程；

h） 安全生产考核与奖惩制度；

i） 安全事故报告、统计与处理制度。

【释义】本条是关于企业资质类档案中安全生产管理制度类资料必须归档的范围。

《危险化学品安全管理条例》第三十四条规定："从事危险化学品经营的企业应当具备下列条件：……（三）有健全的安全管理规章制度……"

《道路危险货物运输管理规定》第八条规定："……（四）有健全的安全生产管理制度……"

6.2 人员档案（B）

6.2.1 危险货物道路运输企业管理人员（档案编号：B1），应至少包括：法定代表人、主要负责人和分管安全的负责人姓名、性别、出生年月日、学历、职务/职称、简历等基本信息。

【释义】本条是关于人员类档案中企业管理人员类资料必须归档的范围。

《中华人民共和国安全生产法》第十七条规定："生产经营单位的主要负责人对本单位安全生产工作负有职责。"第二十条规定："生产经营单位的主要负责人和安全生产管理人员必须具备与本单位所从事的生产经营活动相应的安全生产知识和管理能力。"

《危险化学品安全管理条例》第四条规定："生产、储存、使用、经营、运输危险化学品的单位的主要负责人对本单位的危险化学品安全管理工作全面负责。"

《道路危险货物运输管理规定》第八条规定："……（四）有健全的安全生产管理制度：1. 企业主要负责人、安全管理部门负责人、专职安全管理人员安全生产责任制度……"

企业管理人员一人一个档案，在建档时可用表格方式列出各人员的基本信息。

6.2.2 专职安全管理人员（档案编号：B2），应至少包括：专职安全管理人员的姓名、性别、出生年月日、学历、职务/职称、简历等基本信息及资格证复印件。

【释义】本条是关于人员类档案中专职安全管理人员类资料必须归档的范围。

《危险化学品安全管理条例》第三十四条规定："从事危险化学品经营的企业应当具备下列条件：……（四）有专职安全管理人员……"

《道路危险货物运输管理规定》第八条规定："……（三）有符合下列要求的从业人员和安全管理人员：……3. 企业应当配备专职安全管理人员……"

专职安全管理人员一人一个档案，在建档时可用表格方式列出各人员的基本信息。

6.2.3 危险货物道路运输从业人员，即：驾驶人员（档案编号：B3）、押运人员（档案编号：B4）、装卸管理人员（档案编号：B5）应至少包括下列内容：

a） 劳动关系合同；

b） 姓名、性别、出生年月日、学历、岗位、简历等基本信息；

c） 身份证、机动车驾驶证、从业资格证复印件；

d） 从业情况记录（包括诚信考核记录，违法、违章、事故记录）。

【释义】本条是关于人员类档案中驾驶人员、押运人员、装卸管理人员类资料必须归档的范围。

《危险化学品安全管理条例》第三十四条规定："从事危险化学品经营的企业应当具备下列条件：……（二）从业人员经过专业技术培训并经考核合格……"

《道路危险货物运输管理规定》第八条规定："……（三）有符合下列要求的从业人员和安全管理人员：1. 专用车辆的驾驶人员取得相应机动车驾驶证，年龄不超过 60 周岁。2. 从事道路危险货物运输的驾驶人员、装卸管理人员、押运人员应当经所在地设区的市级人民政府交通运输主管部门考试合格，并取得相应的从业资格证；从事剧毒化学品、爆炸品道路运输的驾驶人员、装卸管理人员、押运人员，应当经考试合格，取得注明为'剧毒化学品运输'或者'爆炸品运输'类别的从业资格证……"

从业人员一人一个档案，在建档时可用表格方式列出各人员的基本信息。

6.3 危险货物道路运输车辆档案（C）

危险货物道路运输的车辆，应至少包括下列内容：

a） 机动车行驶证复印件；

b） 车辆技术参数档案；

c） 符合 JT 719 规定要求的燃料消耗量证明材料；

d） 有效的通信工具配备情况；

e） 具有行驶记录功能的卫星定位装置的配备情况；

f） 必备的应急处理器材、安全防护设施设备清单；

g） 符合 GB 13392 要求，悬挂危险货物道路运输车辆标志和标识的照片；

h) 车辆变更记录;

i) 道路运输证复印件;

j) 符合 GB 18565 和 JT/T 198 规定的一级技术等级的有效证明;

k) 危险货物道路运输罐式车辆的罐体,经质量技术监督部门检验合格证明;

l) 二级维护和检测报告复印件;

m) 符合规定要求投保承运人责任险保险单;

n) 每年审验记录相关材料;

o) 车辆行驶里程记录;

p) 车辆维修记录;

q) 交通事故记录;

r) 异地经营的,在经营地设区的市级道路运输管理机构备案的材料。

【释义】本条是关于危险货物道路运输车辆资料必须归档的范围。

《道路危险货物运输管理规定》第八条规定:"申请从事道路危险货物运输经营,应当具备下列条件:

(一)有符合下列要求的专用车辆及设备:

……

2. 专用车辆技术性能符合国家标准《营运车辆综合性能要求和检验方法》(GB 18565)的要求;技术等级达到行业标准《营运车辆技术等级划分和评定要求》(JT/T 198)规定的一级技术等级。

3. 专用车辆外廓尺寸、轴荷和质量符合国家标准《道路车辆外廓尺寸、轴荷和质量限值》(GB 1589)的要求。

4. 专用车辆燃料消耗量符合行业标准《营运货车燃料消耗量限值及测量方法》(JT 719)的要求。

5. 配备有效的通信工具。

6. 专用车辆应当安装具有行驶记录功能的卫星定位装置。

……

8. 罐式专用车辆的罐体应当经质量检验部门检验合格,且罐体载货后总质量与专用车辆核定载质量相匹配。

……

10. 配备与运输的危险货物性质相适应的安全防护、环境保护和消防设施设备。

……”

第十四条规定：“被许可人应当按照承诺期限落实拟投入的专用车辆、设备。原许可机关应当对被许可人落实的专用车辆、设备予以核实，对符合许可条件的专用车辆配发《道路运输证》，并在《道路运输证》经营范围栏内注明允许运输的危险货物类别、项别或者品名，如果为剧毒化学品应标注‘剧毒’；对从事非经营性道路危险货物运输的车辆，还应当加盖‘非经营性危险货物运输专用章’。”

第二十三条规定：“设区的市级道路运输管理机构应当定期对专用车辆进行审验，每年审验一次。审验按照《道路货物运输及站场管理规定》进行，并增加以下审验项目：（一）专用车辆投保危险货物承运人责任险情况；（二）必需的应急处理器材、安全防护设施设备和专用车辆标志的配备情况；（三）具有行驶记录功能的卫星定位装置的配备情况。”

第三十四条规定：“专用车辆应当按照国家标准《道路运输危险货物车辆标志》（GB 13392）的要求悬挂标志。”

第五十三条规定：“道路危险货物运输企业或者单位应当为其承运的危险货物投保承运人责任险。”

第五十四条规定：“道路危险货物运输企业异地经营（运输线路起讫点均不在企业注册地市域内）累计3个月以上的，应当向经营地设区的市级道路运输管理机构备案并接受其监管。”

6.4 监督检查档案（D）

危险货物运输监督检查，应至少包括下列内容：

a) 企业安全生产监督检查记录（档案编号：D1）；

b) 安全生产会议记录（档案编号：D2）；

c) 危险货物道路运输车辆监控数据记录（档案编号：D3）；

d) 危险货物道路运输车辆出车安全例检记录（档案编号：D4）；

e) 危险货物道路运输罐式车辆罐体检查记录（档案编号：D5）；

f) 危险货物道路运输车辆行驶日志（档案编号：D6）；

g) 企业安全学习及培训教育记录（档案编号：D7）；

h) 驾驶人员违法驾驶及处理情况记录（档案编号：D8）；

i) 应急预案演练记录（档案编号：D9）；

j) 事故报告、应急处置、调查、处理记录（档案编号：D10）。

【释义】本条是关于监督检查记录资料必须归档的范围。

建档依据：

（1）企业安全生产监督检查记录（档案编号：D1），依据《道路危险货物运输管理规定》“第五十五条　道路危险货物运输监督检查按照《道路货物运输及站场管理规定》执行。道路运输管理机构工作人员应当定期或者不定期对道路危险货物运输企业或者单位进行现场检查。”

（2）安全生产会议记录（档案编号：D2），依据《道路危险货物运输管理规定》“第四十八条　道路危险货物运输企业或者单位应当通过岗前培训、例会、定期学习等方式，对从业人员进行经常性安全生产、职业道德、业务知识和操作规程的教育培训。”

（3）危险货物道路运输车辆监控数据记录（档案编号：D3）和驾驶人员违法驾驶及处理情况记录（档案编号：D8），均依据《道路危险货物运输管理规定》“第四十六条　道路危险货物运输企业或者单位应当通过卫星定位监控平台或者监控终端及时纠正和处理超速行驶、疲劳驾驶、不按规定线路行驶等违法违规驾驶行为。监控数据应当至少保存3个月，违法驾驶信息及处理情况应当至少保存3年。”

（4）危险货物道路运输车辆出车安全例检记录（档案编号：D4），依据《汽车运输、装卸危险货物作业规程》（JT 618）中“4.2　作业要求”的相关内容。

（5）危险货物道路运输罐式车辆罐体检查记录（档案编号：D5），依据《道路危险货物运输管理规定》“第二十八条　道路危险货物运输企业或者单位对重复使用的危险货物包装物、容器，在重复使用前应当进行检查；发现存在安全隐患的，应当维修或者更换。道路危险货物运输企业或者单位应当对检查情况作出记录，记录的保存期限不得少于2年。”

（6）危险货物道路运输车辆行驶日志（档案编号：D6），依据《汽车运输危险货物规则》（JT 617）及车辆管理相关规定，记录企业车辆行驶情况，是企业安全生产的原始凭据，也是运输管理最基本的信息。

（7）企业安全学习及培训教育记录（档案编号：D7），依据《道路危险货物运输管理规定》“第四十八条　道路危险货物运输企业或者单位应当通过岗前培训、例会、定期学习等方式，对从业人员进行经常性安全生产、职业道德、业务知识和操作规程的教育培训。”

（8）应急预案演练记录（档案编号：D9），依据《危险化学品安全管理条例》“第七十条　危险化学品单位应当制定本单位危险化学品事故应急预案，配备应急救援人员和必要的应急救援器材、设备，并定期组织应急救援演练。”《道路危险货物运输管理规定》“第四十九条　道路危险货物运输企业或者单位应当加强安全生产管理，制定突发事件应急预案，配备应急救援人员和必要的应急救援器材、设备，并定期组织应急救援演练，严格落实各项安全制度。”“第五十一条　在危险货物运输过程中发生燃烧、爆炸、污染、中毒或者被盗、丢失、流散、泄漏等事故，驾驶人员、押运人员应当立即根据应急预案和《道路运输危险货物安全卡》的要求采取应急处置措施，并向事故发生地公安部门、交通运输主管部门和本运输企业或者单位报告。运输企业或者单位接到事故报告后，应当按照本单位危险货物应急预案组织救援，并向事故发生地安全生产监督管理部门和环境保护、卫生主管部门报告。”

（9）事故报告、应急处置、调查、处理记录（档案编号：D10），依据《道路危险货物运输管理规定》第五十一条，以及交通运输主管部门关于事故处理“四不放过”的要求。

第七节　立卷归档

7.1　归档

7.1.1　归档的材料应齐全、准确、完整和系统。

7.1.2　归档的材料纸张大小用A4纸，并应根据档案分类整理案卷。

7.1.3　档案案卷应按照第5章的分类分别立卷，各类档案的编号方式按附录A。

7.1.4　安全生产过程中的录音、录像、照片、计算机软盘（磁盘）和其他非纸质载体形式的档案，不单独设置类目，应视其内容特征同纸质载体档案对应分类编号。

【释义】本条是关于归档资料的总体要求。

依据中华人民共和国档案行业标准《归档文件整理规则》（DA/T 22—2000）的质量要求：归档文件应齐全完整；整理归档文件所使用的书写材料、纸张、装订材料等应符合档案保护要求。为统一全国危险货物道路运输企业安全生产档案管理，规定归档的材料纸张使用国家行政管理部门通用的文件纸张大小A4纸。安全生产过程中的录音、录像、照片、计算机软盘（磁盘）和其他非纸质载体形式的档案，只是记录方式不同，但都属于相应类归档材料的组成部分，不单独设置类目。

为便于识别和区分档案类别，企业资质类、人员类、专用车辆类与监督检查类档案分别采用大写英文字母A、B、C、D作为标识。各类档案根据实际需要设置下一级类目，并采用阿拉伯数字 1～9 标识，考虑到车辆、人员的数量，适当增加了阿拉伯数字的位数。阿拉伯数字标识的类目层次中间用间隔号“.”隔离开，大写英文字母与阿拉伯数字之间不加间隔号。

7.2 保管

7.2.1 档案应分类存放，有序排列。各类归档材料按档案范围中英文字母的先后顺序存放。

7.2.2 企业、车辆、人员证件及记录有效期发生变化，设备更换等有时效性的信息应及时更新。

7.2.3 危险货物道路运输车辆监控数据记录（D3）保存期限 3 个月；危险货物道路运输罐式车辆罐体检查记录（D5）保存期限 2 年；企业安全生产监督检查记录（D1）、驾驶人员违法驾驶及处理情况记录（D8）保存期限 3 年。

7.2.4 企业应对保管期限已满的档案进行审核，对确无保存价值的档案登记造册，经企业法定代表人批准后进行监销。

【释义】本条是关于档案保存期限与销毁的要求。

各类档案保存期限依据《道路危险货物运输管理规定》“第二十八条　道路危险货物运输企业或者单位应当对检查情况作出记录，记录的保存期限不得少于 2 年。”“第四十六条　监控数据应当至少保存 3 个月，违法驾驶信息及处理情况应当至少保存 3 年。”“第五十条　对本企业或单位的安全管理情况每 3 年至少进行一次安全评估。”监督检查材料是安全评估的依据之一，故监督检查档案保存期应不得少于 3 年。对企业、车辆、人员证件及记录有效期发生变化，设备更换等有时效性的信息在失效之日前必须更新。

档案销毁手续依据《中华人民共和国档案法》“第十五条　鉴定档案保存价值的原则、保管期限的标准以及销毁档案的程序和办法，由国家档案行政管理部门制定。禁止擅自销毁档案。”参照通常做法，结合行业实际，对确已失去保存价值需要销毁的档案，应登记造册，编制销毁清册，经企业主管领导和档案部门审查签字批准后再销毁。

第八节　电子档案

8.1 企业可建立使用电子档案，实施档案规范化管理。

8.2　电子档案应有严格的管理制度和技术措施。

8.3　纸质文件转换电子档案，纸质档案应当保留，两者之间应建立相互准确、可靠的标识关系。

【释义】本条是关于电子档案使用管理的要求。

随着信息技术的发展，使用电子档案是今后的发展趋势，应鼓励企业探索和使用电子档案，但从目前电子档案的安全性、信息真实性考虑，危险货物道路运输企业建立并使用电子档案还不具备条件。为预防企业电子档案信息丢失，必须制定严格的管理制度和技术措施，保留纸质档案，并建立准确、可靠的标识关系，以便查找相关信息。

附参考资料

危险货物道路运输企业安全生产资料归档整理程序及档案管理

一、基本要求

1. 资料分类

依据企业管理职能及《危险化学品安全管理条例》赋予交通运输主管部门“三关一监督”(即:企业资质关、从业人员关、专用车辆关及监督检查)的职能,企业档案分为企业资质类、人员类、专用车辆类与监督检查类,便于日常安全生产管理。

2. 归档资料

危险货物道路运输企业安全生产过程中,执行国家法律、法规、标准等形成的所有安全生产管理资料。本标准所列的资料是对各类档案必须归档的资料,是归档资料的最低要求,企业可根据本单位实际,在必须归档资料后增加本单位细化的安全生产管理资料。同一类资料排序以信息变更时效长短为序,保持归档资料相对固定,即资料保存期限越长越靠前排。

3. 档案标识(编号)

(1)企业资质、人员、专用车辆与监督检查等四大类目采用大写英文字母A、B、C、D依次标识,一级及一级以下类目采用阿拉伯数字1~9标识,考虑到车辆、人员的数量,适当增加了阿拉伯数字的位数。阿拉伯数字标识的类目层次中间用间隔号“.”隔离开。

(2)企业资质档案标识为A,一级类目分为企业基本信息、停车场地及设备信息、安全生产管理制度,采用A1、A2、A3依次标识。

(3)人员档案标识为B,一级类目分为企业管理人员、专职安全管理人员、驾驶人员、押运人员、装卸管理人员,采用B1、B2、B3、B4、B5依次标识。二级类目为各类人员名称,如驾驶人员类(考虑人员数量),采用B3001、B3002、B3003、B3004……依次标识。

(4)危险货物道路运输车辆档案标识为C,一级类目分为各危险货物道路运输车辆，考虑企业车辆数量，采用C0001、C0002、C0003、C0004、C0005……依次标识。

（5）监督检查档案标识为D，一级类目采用D1、D2、D3……依次标识。

二、资料归档整理程序

第一步　资料收集

（1）收集企业安全生产过程中，执行国家法律、法规、标准等形成的所有安全生产管理资料。

（2）现已成立的企业要对照本标准企业资质、人员、专用车辆与监督检查等四类资料归档范围，对现有资料进行核对，查漏补缺。

（3）有时效性的资料必须在有效期限内。

第二步　分类排序

按本标准“6　归档范围”中的要求分企业资质、人员、专用车辆与监督检查四大类及资料排序整理。资料分类排序如下：

1.企业资质类档案（档案编号：A）

（1）企业基本信息部分档案（档案编号：A. A1，可简写为A1），建议制作一本。

①企业概况；

②《道路运输经营许可证》或《道路运输危险货物许可证》；

③《企业法人营业执照》；

④安全评估相关材料；

⑤许可相关材料（原始材料）。

（2）停车场地及设备部分档案（档案编号：A. A2，可简写为A2），建议制作一本。

①自有或租借3年以上，与经营范围、规模相适应的停车场地证明材料；

②配备其他安全防护和消防设施设备清单；

③运输生产设备（包括装卸设备）清单。

（3）安全生产管理制度部分档案（档案编号：A. A3，可简写为A3），建议制作一本。

①企业主要负责人、安全管理部门负责人、专职安全管理人员安全生产责任制度；

②从业人员安全生产责任制度；

③安全生产监督检查制度;

④安全生产教育培训制度;

⑤从业人员、危险货物道路运输车辆、设备及停车场地安全管理制度;

⑥应急救援预案制度;

⑦安全生产作业规程;

⑧安全生产考核与奖惩制度;

⑨安全事故报告、统计与处理制度。

2. 人员类档案(档案编号:B)

(1)危险货物道路运输企业管理人员部分档案(档案编号:B. B1,可简写为B1),建议制作一本。

这部分资料较少,按人名排序,每个人的资料用表格方式列出姓名、性别、出生年月日、学历、职务/职称、简历等基本信息并附本企业认为应存档的相关材料。

(2)专职安全管理人员部分档案(档案编号:B. B2,可简写为B2),建议制作一本。

按人名排序,每个人的资料用表格方式列出姓名、性别、出生年月日、学历、职务/职称、简历等基本信息及资格证复印件,并附本企业认为应存档的相关材料。

(3)驾驶人员部分档案(档案编号:B. B3,可简写为B3),建议每人制作一本。

①劳动关系合同;

②姓名、性别、出生年月日、学历、岗位、简历等基本信息;

③身份证、机动车驾驶证、从业资格证复印件;

④从业情况记录(包括诚信考核记录,违法、违章、事故记录)。

(4)押运人员部分档案(档案编号:B. B4,可简写为B4)、装卸管理人员部分档案(档案编号:B. B5,可简写为B5),相关要求同驾驶人员部分档案。

3. 危险货物道路运输车辆类档案(档案编号:C)

建议每车制作一本,每辆车资料排序:

①机动车行驶证复印件;

②车辆技术参数档案;

③符合JT 719规定要求的燃料消耗量证明材料;

④有效的通信工具配备情况;

⑤具有行驶记录功能的卫星定位装置的配备情况；

⑥必备的应急处理器材、安全防护设施设备清单；

⑦符合 GB 13392 要求，悬挂危险货物道路运输车辆标志和标识的照片；

⑧车辆变更记录；

⑨道路运输证复印件；

⑩符合 GB 18565 和 JT/T 198 规定的一级技术等级的有效证明；

⑪危险货物道路运输罐式车辆的罐体，经质量技术监督部门检验合格证明；

⑫二级维护和检测报告复印件；

⑬符合规定要求投保承运人责任险保险单；

⑭每年审验记录相关材料；

⑮车辆行驶里程记录；

⑯车辆维修记录；

⑰交通事故记录；

⑱异地经营的，在经营地设区的市级道路运输管理机构备案的材料。

4. 监督检查类档案（档案编号：D）

危险货物道路运输监督检查按时间顺序记录，每种记录建议制作一本。

①企业安全生产监督检查记录（档案编号：D. D1，可简写为 D1）；

②安全生产会议记录（档案编号：D. D2，可简写为 D2）；

③危险货物道路运输车辆监控数据记录（档案编号：D. D3，可简写为 D3）；

④危险货物道路运输车辆出车安全例检记录（档案编号：D. D4，可简写为 D4）；

⑤危险货物道路运输罐式车辆罐体检查记录（档案编号：D. D5，可简写为 D5）；

⑥危险货物道路运输车辆行驶日志（档案编号：D. D6，可简写为 D6）；

⑦企业安全学习及培训教育记录（档案编号：D. D7，可简写为 D7）；

⑧驾驶人员违法驾驶及处理情况记录（档案编号：D. D8，可简写为 D8）；

⑨应急预案演练记录（档案编号：D. D9，可简写为 D9）；

⑩事故报告、应急处置、调查、处理记录（档案编号：D. D10，可简写为 D10）。

第三步　编制装订

（1）编制页码。有两种编法：以页编号和以面编号。更新资料页码变更原则：新老资料页数不变，页码不变；新资料页数比老资料少，新资料最后页码用“上衔接页号—下衔接页号”衔接上下页码；新资料页数比老资料多，多出页数用"衔接页码号分别 + A、B、C……"增加页码,衔接上下页码。

例如:以页编号档案,更新老资料 3 页,页码分别为 2、3、4,若更新的新资料只有 2 页,则变更的页码分别为 2、3—4。若更新的新资料有 5 页,则变更的页码分别为 2、3、4A、4B、4C。

(2)建立每本档案目录。目录应按第二步每本已排序的资料建立。

(3)建立封面。封面纸要相对厚些,标明"档案名称、档案编号(可用简写号)、建档单位"等。

(4) 装订。档案资料相对不变的,如安全生产管理制度部分档案、企业安全生产监督检查记录、安全生产会议记录,用固定装订。档案资料正常变更的,用活动装订。

第四步　装盒上架

(1)装盒:每个档案盒可装 1 本或若干本档案,档案盒正面和左侧面标明所装档案名称、档案编号(可用简写号)。同类资料分别装在若干个档案盒内,档案盒正面和左侧面上方采用"1 ~ 99 数字 + 该类简写档号"依次标识档案盒号,分别表示第几盒该类档案。如驾驶人员档案有 5 盒,则 1 ~ 5 盒档案盒号分别为 1B3、2B3、3B3、4B3、5B3。

(2)上架:分四类放置,档案架上标明类别名称和档案号。每类子类档案按档案编号顺序放置。

例 1　人员档案。按 B1、B2、B3、B4、B5 顺序依次放置,如 B3 中,按 B3001、B3002、B3003、B3004……依次放置。

例 2　车辆档案。按车辆档案编号顺序放置,即:C0001、C0002、C0003、C0004、C0005……依次放置。

三、管理与查阅

根据企业档案装盒上架情况,分类建立查询电子目录,用计算机查找功能,找出档案在架上的位置,从档案中查阅想查的某项档案内容。

第一步　了解企业档案装盒上架情况

以某企业档案装盒上架举例如下:

1. 企业资质类档案(档案编号:A)

(1)企业基本信息部分档案(档案编号:A. A1,可简写为 A1),制作 1 本装在 1 个档案盒中。

(2)停车场地及设备部分档案(档案编号:A. A2,可简写为 A2),制作 1 本装在1个档案盒中。

(3)安全生产管理制度部分档案(档案编号:A. A3,可简写为A3),制作1本装在1个档案盒中。

2. 人员类档案(档案编号:B)

(1)危险货物道路运输企业管理人员部分档案(档案编号:B. B1,可简写为B1)和专职安全管理人员部分档案(档案编号:B. B2,可简写为B2),各制作1本装在1个档案盒中。

(2)驾驶人员部分档案(档案编号:B. B3,可简写为B3),每人制作1本,共有8本,分别装在4个档案盒中。

第1盒盒号1B3,装有驾驶人员2人,档号B3001—B3002的档案;

第2盒盒号2B3,装有驾驶人员2人,档号B3003—B3004的档案;

第3盒盒号3B3,装有驾驶人员2人,档号B3005—B3006的档案;

第4盒盒号4B3,装有驾驶人员2人,档号B3007—B3008的档案。

(3)押运人员部分档案(档案编号:B. B4,可简写为B4),每人制作1本,共有8本,分别装在4个档案盒中。

第1盒盒号1B4,装有押运人员2人,档号B4001—B4002的档案;

第2盒盒号2B4,装有押运人员2人,档号B4003—B4004的档案;

第3盒盒号3B4,装有押运人员2人,档号B4005—B4006的档案;

第4盒盒号4B4,装有押运人员2人,档号B4007—B4008的档案。

(4)装卸管理人员部分档案(档案编号:B. B5,可简写为B5),每人制作1本,共有2本,装在1个档案盒中。

3. 危险货物道路运输车辆类档案(档案编号:C)

每车制作1本,共有8本,分别装在4个档案盒中。

第1盒盒号1C,装有车辆2辆,档号C0001—C0002的档案;

第2盒盒号2C,装有车辆2辆,档号C0003—C0004的档案;

第3盒盒号3C,装有车辆2辆,档号C0005—C0006的档案;

第4盒盒号4C,装有车辆2辆,档号C0007—C0008的档案。

4. 监督检查类档案(档案编号:D)

每种记录建议制作1本,共有10本,分别装在5个档案盒中。

第1盒盒号1D,装有监督检查资料,档号D1—D2的档案;

第2盒盒号2D,装有监督检查资料,档号D3—D4的档案;

第3盒盒号3D,装有监督检查资料,档号D5—D6的档案;

第4盒盒号4D,装有监督检查资料,档号D7—D8的档案;

第5盒盒号5D,装有监督检查资料,档号D9—D10的档案。

第二步　分别建立计算机管理的企业资质、人员、车辆、监督检查四类档案电子目录

1. 建立企业资质类档案目录(表1)

企业资质类档案目录 表1

序号	一级类目(档案名称)	档案编号	简写档号	档案架上位置(档案盒号)
1	企业基本信息	A. A1	A1	1A(表示第1盒企业资质类档案)
2	停车场地及设备	A. A2	A2	2A(表示第2盒企业资质类档案)
3	安全生产管理制度	A. A3	A3	3A(表示第3盒企业资质类档案)

2. 建立人员类档案目录(表2)

人员类档案目录 表2

序号	一级类目(工种)	二级类目(姓名)	档案编号	简写档号	档案架上位置(档案盒号)
1	企业管理人员		B. B1	B1	1B(表示第1盒人员类档案)
2	专职安全管理人员		B. B2	B2	1B
3	驾驶人员	李一	B. B3. B3001	B3001	1B3(表示第1盒驾驶人员类档案)
4	驾驶人员	李二	B. B3. B3002	B3002	1B3
5	驾驶人员	李三	B. B3. B3003	B3003	2B3(表示第2盒驾驶人员类档案)
6	驾驶人员	李四	B. B3. B3004	B3004	2B3
7	驾驶人员	李五	B. B3. B3005	B3005	3B3(表示第3盒驾驶人员类档案)
8	驾驶人员	李六	B. B3. B3006	B3006	3B3
9	驾驶人员	李七	B. B3. B3007	B3007	4B3(表示第4盒驾驶人员类档案)
10	驾驶人员	李八	B. B3. B3008	B3008	4B3
11	押运人员	张一	B. B4. B4001	B4001	1B4(表示第1盒押运人员类档案)
12	押运人员	张二	B. B4. B4002	B4002	1B4
13	押运人员	张三	B. B4. B4003	B4003	2B4(表示第2盒押运人员类档案)
14	押运人员	张四	B. B4. B4004	B4004	2B4
15	押运人员	张五	B. B4. B4005	B4005	3B4(表示第3盒押运人员类档案)

续上表

序号	一级类目（工种）	二级类目（姓名）	档案编号	简写档号	档案架上位置（档案盒号）
16	押运人员	张六	B. B4. B4006	B4006	3B4
17	押运人员	张七	B. B4. B4007	B4007	4B4（表示第 4 盒押运人员类档案）
18	押运人员	张八	B. B4. B4008	B4008	4B4
19	装卸管理人员	王一	B. B5. B5001	B5001	1B5（表示第 1 盒装卸管理人员类档案）
20	装卸管理人员	王二	B. B5. B5002	B5002	1B5

3. 建立危险货物道路运输车辆类档案目录（表 3）

危险货物道路运输车辆类档案目录　　表 3

序号	一级类目（车牌号）	档案编号	简写档号	档案架上位置（档案盒号）
1	浙 A00001	C. C0001	C0001	1C （表示第 1 盒车辆类档案）
2	浙 A00002	C. C0002	C0002	1C
3	浙 A00003	C. C0003	C0003	2C（表示第 2 盒车辆类档案）
4	浙 A00004	C. C0004	C0004	2C
5	浙 A00005	C. C0005	C0005	3C（表示第 3 盒车辆类档案）
6	浙 A00006	C. C0006	C0006	3C
7	浙 A00007	C. C0007	C0007	4C（表示第 4 盒车辆类档案）
8	浙 A00008	C. C0008	C0008	4C

4. 建立监督检查类档案目录（表 4）

监督检查类档案目录　　表 4

序号	一级类目（监督检查名称）	档案编号	简写档号	档案架上位置（档案盒号）
1	企业安全生产监督检查记录	D. D1	D1	1D（表示第 1 盒监督检查类档案）
2	安全生产会议记录	D. D2	D2	1D
3	车辆监控数据记录	D. D3	D3	2D（表示第 2 盒监督检查类档案）
4	车辆出车安全例检记录	D. D4	D4	2D
5	罐式车辆罐体检查记录	D. D5	D5	3D（表示第 3 盒监督检查类档案）
6	车辆行驶日志	D. D6	D6	3D
7	安全学习及培训教育记录	D. D7	D7	4D（表示第 4 盒监督检查类档案）
8	违法驾驶及处理情况记录	D. D8	D8	4D
9	应急预案演练记录	D. D9	D9	5D（表示第 5 盒监督检查类档案）
10	事故记录	D. D10	D10	5D

第三步　档案查找

查找事项基本条件:最后一级类目＋需查具体资料。

例如:查驾驶员李四基本信息。驾驶员(一级类目)＋李四(二级类目)＋基本信息(具体资料)。

(1)判断所查找资料所属的大类别(企业资质类、人员类、车辆类、监督检查类)。

(2)打开“大类”的电子目录,光标定位首行,单击“word 中编辑”,再单击“查找”,输入查找最后一级类目名称,单击“查找下一处”,突出显示最后一级类目。

(3)得知需查档案编号和档案在架上位置。

(4)在架上取下该档案盒,打开需查档案目录,找出“需查具体资料”页码,即可查到“需查具体资料”。

查询实例

例 1　查驾驶员李四基本信息。

第一步　判断“驾驶员李四基本信息”属于人员类 B。

第二步　打开“人员类 B”的电子目录,光标定位首行,单击“word 中编辑”,再单击“查找”,输入“李四”(属于最低一级类目),单击“查找下一处”,突出显示“李四”字段。

第三步　得知李四档号为 B3004 和档案在架上位置为 2B3(2B3 表示第 2 盒驾驶人员类)。

第四步　从架上取下该档案盒,查阅档号为 B3004 档案目录,找出“基本信息”页码,即可查阅“基本信息”。

例 2　查浙 A00008 每年审验记录相关材料。

第一步　判断“浙 A00008 每年审验记录相关材料”属于车辆类 C。

第二步　打开“车辆类 C”的电子目录,光标定位首行,单击“word 中编辑”,再单击“查找”,输入“浙 A00008”(属于最低一级类目),单击“查找下一处”,突出显示“浙 A00008”字段。

第三步　得知浙 A00008 档号为 C0008 和档案在架上位置为 4C(4C 表示第 4 盒车辆类)。

第四步　从架上取下该档案盒,查阅档号为 C0008 档案目录,找出“每年审验记录相关材料”页码,即可查阅“每年审验记录相关材料”。

附录

附录

附录 1　危险货物道路运输企业运输事故应急预案编制要求(JT/T 911—2014)

1　范围

本标准规定了危险货物道路运输企业运输事故应急预案的编制步骤、预案内容以及文本格式与要求。

本标准适用于指导危险货物道路运输企业编制危险货物运输过程中事故应急预案。

2　术语和定义

下列术语和定义适用于本文件。

2.1

事故　transport accidents

危险货物道路运输过程中,突然发生的,造成或者可能造成社会危害,需要采取应急处置措施予以应对的紧急事故。如道路交通事故,运输车辆着火燃烧,车载危险货物发生泄漏、燃烧、爆炸等事故。

2.2

事故等级　transport accidents classification

根据事故的社会危害程度和影响范围等因素,将其划分成的四个等级:特别重大事故(Ⅰ级)、重大事故(Ⅱ级)、较大事故(Ⅲ级)、一般事故(Ⅳ级)。

2.3

危险因素　risk factor

引起事故的主要影响因素,包括危险货物运输驾驶员、危险货物及包装、运输车辆及安全设备、道路条件、交通状况、沿途的地质环境和恶劣天气。

2.4

应急预案　emergency plan

针对可能发生的事故,为保证迅速、有序、有效地开展应急与救援行动,消除或减少事故危害、降低事故造成的损失而预先制定的行动计划或方案。

2.5

应急响应　emergency response

依据事故等级，为迅速、有序地开展应急行动而预先进行的组织、物资准备和应急处置工作部署。

2.6

应急处置　emergency disposal

事故发生后，为消除、减少事故危害，防止事故扩大或恶化，最大限度地降低事故造成的损失或危害而采取的救援措施和行动。

2.7

应急资源　emergency resource

应急装备、物资、储备的运力和应急救援队伍等。

3　编制步骤

3.1　编制准备

3.1.1　成立由管理人员、专业人员组成的应急预案编制小组，指定负责人。

3.1.2　制定应急预案编制计划，至少应包括以下内容：

a）　评估应急预案编制必要性；

b）　明确编制人员职责；

c）　确定工作方案、进度；

d）　制定应急预案编制计划。

3.1.3　收集、调查应急预案编制所需的各种资料，至少应包括以下内容：

a）　相关法律法规和技术标准；

b）　国内外同行业事故案例分析；

c）　车辆技术档案，车辆和从业人员事故违章处理记录；

d）　运输线路及沿线的地质环境、交通状况等。

3.1.4　依据附录 A 制定事故及其灾害后果预测表。

3.1.5　分析本企业和托运人的应急资源。

3.2　应急预案编制

根据本标准给定的应急预案内容要求，编制应急预案。编制过程中做到责任分明、科学适用、便于操作，并注重与生产单位和托运人的合作。

3.3　应急预案评审和上报

应急预案编写完后，可组织有关人员、机构和专家进行评审。评审通过后，按规定备案，并经企业主要负责人签署发布。

3.4　应急预案更新

有下列情形之一的，应当进行更新：

a）　原则上每两年组织修订、完善应急预案；

b）　应急预案依据的法规、标准发生变化，或者出台新的相关法规和标准；

c）　应急预案涉及的要素发生变化；

d）　应急演练结束后、企业发生事故应急行动结束后取得经验。

4　预案内容

4.1　企业概况

企业基本情况，至少应包括以下内容：

a）　企业地址；

b）　从业人数；

c）　运输车辆车型、罐车罐体材质；

d）　主要运输危险货物联合国编号（UN 编号）、品名、运量、起始地、目的地、行驶路线图等；

e）　企业应急资源。

4.2　应急救援组织设置

设置应急救援组织，至少包括应急领导组、技术指导组和现场工作组，明确各组职责。

4.3　事故及其灾害后果预测

依据附录 A 确定可能引起的事故，预测灾害后果，形成事故及其灾害后果预测表，示例参见附录 B。

4.4　驾驶人员和押运人员应急处置

4.4.1　停车处置，至少应明确以下内容：

a）　立即停车，明确停车后将发动机熄火并切断所有电源的规定；对于无法立即停车的，明确移动后停车的条件，以及停车位置的要求；

b）　撤离驾驶室时需要携带安全卡等重要资料清单。

4.4.2 事故发生时的信息报告，至少应明确以下方面：

a） 事故发生地报警电话；

b） 事故发生地交通运输主管部门、本企业24h有效的联络方式、手段；

c） 事故信息报告的流程和时限；

d） 事故信息报告的内容和方式。

4.4.3 事故信息报告的内容，至少应包括以下部分：

a） 报告人姓名、联系方式；

b） 发生的事故及部位；

c） 发生时间、具体地点（如，×××公路×××km处）、行驶方向；

d） 车辆牌照、荷载吨位、车辆类型、罐车罐体容积，当前状况；

e） UN编号、危险货物品名和数量，当前状况；

f） 人员伤亡及危害情况；

g） 已采取或拟采取的应急处置措施。

4.4.4 现场处置，针对灾害后果预测表中事故和灾害后果，至少应明确以下内容：

a） 个体防护措施；

b） 初期应急处置措施；

c） 放置警告标志、设置警戒、协助疏散人员方案；

d） 现场保护方案；

e） 配合政府部门开展应急救援的要求。

4.5 企业应急处置

4.5.1 信息报送与通信联络，至少应明确以下内容：

a） 当地安全生产监督管理部门、环境保护、公安、卫生主管部门有效的联络方式和手段；

b） 本企业和托运人24h有效的应急通信联络方式；

c） 事故信息接收和通报程序、内容和时限。

4.5.2 响应分级

依据事故等级，确定应急响应级别。

4.5.3 应急响应和行动

依据应急响应级别，至少应明确以下内容：

a） 应急指挥；

b） 分析、评估事态及发展；

c）　对现场应急处置的技术指导；

d）　应急资源调配；

e）　接受主管部门的组织、调度和指挥，协助应急救援；

f）　扩大应急。

4.5.4　应急结束，至少应明确以下内容：

a）　应急终止条件；

b）　事故情况上报事项；

c）　需向事故调查处理小组移交的相关事项。

4.6　信息发布

明确事故信息发布的条件、部门、范围和内容等。

4.7　后期处置

恢复和重建等后期处置措施，至少应明确以下内容：

a）　污染物处理；

b）　受伤人员处理；

c）　事故后果影响消除和生产运输秩序恢复；

d）　善后赔偿；

e）　事故经过、原因和应急处置工作经验教训报告；

f）　应急预案的更新。

4.8　应急保障

至少应明确以下内容：

a）　与应急工作相关联的单位或人员通信联系方式和方法，并提供备用方案；

b）　本企业和托运人的应急救援队伍；

c）　应急装备、物资和储备运力，主要包括名称、型号、数量、性能、存放地点、管理者及其通信联系方式等；

d）　应急专项经费，主要包括来源、使用范围、额度和监督管理措施；

e）　其他相关保障，如运输保障、治安保障、技术保障、医疗保障、后勤保障等。

4.9　应急培训和演练

4.9.1　应急培训，至少应明确以下内容：

a）　培训对象；

b） 培训内容；

c） 培训方式；

d） 培训频率和时间。

4.9.2 应急演练，至少应明确以下内容：

a） 演练目标、内容、规模；

b） 参加演练的部门及人员；

c） 演练频次；

d） 评估、总结。

4.10 附件

应急预案相关附件，主要包括以下内容：

a） 危险货物安全技术说明书；

b） 相关部门和单位通信录；

c） 本企业应急通信录；

d） 应急装备、物资和储备运力的名称、型号、存放地点、管理者及其通信联系方式；

e） 信息接收、处理、上报等规范化格式文本；

f） 事故及其灾害后果预测表；

g） 本企业与周边应急救援队伍签订的协议。

5 格式和要求

5.1 格式

应急预案文本格式应包括如下内容：

a） 封面：应急预案名称、编号、版本号、企业名称、实施日期、签发人、公章；

b） 目录；

c） 前言：应急预案在企业应急预案体系中地位和作用、编制目的、依据、适用范围；

d） 应急预案：主要章、条及内容，见 4.1 ~4.9；

e） 附件。

5.2 字号及装订基本要求

应急预案编排格式应符合：

a） 封面应急预案标题采用黑体 3 号字，其他采用黑体 4 号字；

b） 文中章、条的编号及标题采用黑体 4 号字；

c） 正文内容采用宋体 4 号字；

d） 应急预案文本应打印后装订成册。

附 录 A

(规范性附录)

事故及其灾害后果预测

事故及其灾害后果预测见表A.1。

表A.1 事故及其灾害后果预测

危险因素		发生危险场所或路段	时间段	可能引起的事故	灾害后果
驾驶员	身体状况不良				
	操作失误				
危险货物	理化性质不稳定				
包装及罐体容器	包装引发相关问题				
	罐体自身缺陷引起罐体破损				
	阀门泄漏				
运输车辆及安全设备	安全附件失效				
	爆胎				
	制动不良				
	底盘故障				
道路条件	路面平整度差				
	连续下坡				
	陡坡、急弯				
	有限高				
	道路线形不合理				
交通状况	交通混行秩序差、车流量大				
	行驶过程中车辆事故				

续上表

危　险　因　素		发生危险场所或路段	时间段	可能引起的事故	灾害后果
沿途地质环境	山体突出				
	山体滑坡、崩塌				
	洪水、泥石流				
恶劣天气	暴雨				
	高温				
	大雪				
	大雾或严重雾霾				

附 录 B
（资料性附录）
事故及其灾害后果预测范本示例

液氯罐车事故及其灾害后果预测见表 B.1。氯气浓度对人体产生的效应见表 B.2。

表 B.1 液氯罐车事故及其灾害后果预测

<table>
<tr><th colspan="2">危险因素</th><th>发生危险场所或路段</th><th>时间段</th><th>可能引起事故</th><th>灾害后果</th></tr>
<tr><td rowspan="2">包装及罐体容器故障</td><td>罐体自身缺陷引起罐体破损</td><td>×××公路×××km</td><td>××点左右</td><td>液氯介质泄漏</td><td rowspan="4">1. 健康危害
(1)侵入途径：吸入；
(2)健康危害：对眼、呼吸道黏膜有刺激作用；
(3)急性中毒；
(4)慢性影响；
(5)液态氯蒸发时要吸收大量的热，接触液氯可引起严重冻伤；
(6)氯气浓度与对人体产生的效应见表 B.2。
2. 环境危害
对植物、禽兽具有不同程度的破坏作用</td></tr>
<tr><td>阀门泄漏</td><td>×××公路×××km</td><td>××点左右</td><td>液氯介质泄漏</td></tr>
<tr><td>恶劣天气</td><td>高温暴晒</td><td>×××公路×××km</td><td>××点左右</td><td>罐体压力升高，罐体爆炸或安全阀开启，导致液氯介质泄漏</td></tr>
<tr><td>交通状况</td><td>行驶过程中车辆事故</td><td>×××公路×××km</td><td>××点左右</td><td>引发液氯罐车的罐体破损，安全阀、压力表、液位计和装卸阀等损坏，导致液氯介质泄漏</td></tr>
</table>

表 B.2 氯气浓度对人体产生的效应

氯气浓度（mg/m^3）	效 应
0.06	闻到气味（可产生一定的耐受性）
90	可致剧咳
120 ~ 180	30 ~ 60min 可引起中毒性肺水肿及肺炎
300	可造成致命损害
3000	危及生命

附录 2　危险货物道路运输企业安全生产管理制度编写要求(JT/T 912—2014)

1　范围

本标准规定了危险货物道路运输企业安全生产管理制度的编制要求、编制内容、编制步骤、格式及要求。

本标准适用于危险货物道路运输企业安全生产管理制度的编写。使用自备车辆为本单位服务的非经营性危险货物道路运输单位的安全生产管理参照执行。

2　规范性引用文件

下列文件对于本文件的应用是必不可少的。凡是注日期的引用文件,仅注日期的版本适用于本文件。凡是不注日期的引用文件,其最新版本(包括所有修改单)适用于本文件。

JT 618　汽车运输、装卸危险货物作业规程

JT/T 911　危险货物道路运输企业运输事故应急预案编制要求

3　术语和定义

下列术语和定义适用于本文件。

3.1

安全生产管理制度　safety production management system

企业和职工在生产活动中共同遵守的安全行为规范和准则。

3.2

安全设施设备　safety equipments and facilities

企业在生产经营活动中,为将危险、有害因素控制在安全范围内,以及减少、预防和消除危害所配备的装置(设备)和采取的措施。

3.3

安全生产管理台账　safety production management account

反映企业安全生产管理明细情况资料的规范记录。

3.4

劳动防护用品　labor protection articles and health care products

企业为从业人员配备的，使其在劳动过程中免遭或减轻事故伤害及职业危害的个人防护用品，以及为保障劳动者健康安全而发放的物品。

4　编制要求

4.1　应符合国家和行业有关安全生产法律、行政法规及技术标准的要求，遵循"安全第一、预防为主、综合治理"的方针要求。

4.2　企业制定安全生产管理制度应采用"策划、实施、检查、改进"的方式，结合企业自身特点进行编制。

4.3　危险货物道路运输企业应制定安全生产管理制度和安全生产操作规程，安全生产操作规程要求见附录 A。

5　编制内容

5.1　安全生产管理制度

危险货物道路运输企业安全生产管理制度，至少应包括下列内容：

a）　安全生产监督检查制度；

b）　安全生产教育培训制度；

c）　从业人员安全管理制度；

d）　专用车辆安全管理制度；

e）　安全设施设备（停车场）管理制度；

f）　应急救援预案管理制度；

g）　安全生产会议制度；

h）　安全生产考核与奖惩制度；

i）　安全事故报告、统计与处理制度。

5.2　安全生产监督检查制度

5.2.1　企业安全生产监督检查制度，至少应明确下列部分：

a）　适用范围（包括所有与生产经营相关的部门、岗位及从业人员、场所、环境、设备设施和活动等）；

b）　实施主体及其职责分工；

c）　监督检查的内容、方法和时间；

d）　隐患的处理程序；

e） 监督检查档案或台账的记录要求；

f） 需明确的其他内容；

g） 附则（包括制定与解释、实施时间等）。

5.2.2 企业安全生产监督检查的内容包括：

a） 安全生产管理机构设置；

b） 各工作岗位职责落实；

c） 安全培训教育情况；

d） 车辆及设备设施安全技术状况；

e） 从业人员操作规程执行情况；

f） 事故隐患整改及应急预案演练；

g） 安全生产台账、档案保存；

h） 安全生产其他内容。

5.2.3 企业对在安全生产监督检查中发现的问题或隐患的处理，应根据实际情况明确下列内容：

a） 隐患整改方案；

b） 组织隐患整改实施；

c） 整改项目的复查验收。

5.2.4 安全生产监督检查档案或台账的记录要求，至少应包括：

a） 检查日期；

b） 检查部位或场所；

c） 发现隐患的数量、类别和具体情况；

d） 整改措施和完成整改时间；

e） 检查现场照片；

f） 负责实施部门或人员及签名等。

5.3 安全生产教育培训制度

5.3.1 企业安全生产教育培训制度，至少应明确以下内容：

a） 适用范围（包括企业各部门员工，以及来企业务工的临时工和实习人员等）；

b） 实施主体及其职责分工；

c） 企业安全教育培训计划；

d） 安全教育培训的形式和内容；

e） 安全教育培训档案或台账的记录要求；

f) 需明确的其他内容;

g) 附则(包括制定与解释、实施时间等)。

5.3.2 企业安全教育培训包括岗前培训和日常培训。培训至少应包括以下内容:

a) 国家危险货物道路运输有关安全法律、法规、规章及标准;

b) 企业安全生产管理制度;

c) 企业常运危险货物的理化特性、职业危害及事故预防措施;

d) 安全设施设备、劳动防护用品(器具)及消防器材的正确使用和维护方法;

e) 员工职业道德教育;

f) 安全生产基本知识和安全行车知识;

g) 典型事故案例的警示教育;

h) 应急处置知识和应急设施与设备操作使用常识;

i) 异常情况紧急处置、事故应急预案、演练要求。

5.3.3 安全教育培训档案或台账的记录要求,至少应包括:

a) 培训时间和地点;

b) 授课人及培训内容;

c) 参加培训人员签名;

d) 考核时间、试卷、答案、成绩及阅卷人;

e) 违章违纪处理情况等。

5.4 从业人员安全管理制度

从业人员管理制度,至少应明确以下内容:

a) 制定依据;

b) 适用范围;

c) 实施主体及职责分工;

d) 招聘内容及要求等;

e) 从业人员信息;

f) 资格证管理程序(包括:申请、审核、办理和备案等);

g) 参加安全培训教育学习和安全活动记录;

h) 违法、违章、违纪情况;

i) 调离辞退的条件、标准及程序;

j) 管理档案或台账的记录;

k） 需明确的其他内容；

l） 附则（包括制定与解释、实施时间等）。

5.5 专用车辆安全管理制度

专用车辆安全管理制度，至少应明确以下内容：

a） 制定依据；

b） 适用范围；

c） 实施主体及职责分工；

d） 车辆选配及报废管理；

e） 车辆必备安全设施设备的配置和安装要求；

f） 车辆检查维护与审验评定；

g） 车辆技术档案或台账记录；

h） 全体检查记录

i） 需明确的其他内容；

j） 附则（包括制定与解释、实施时间等）。

5.6 安全设施设备（停车场）管理制度

5.6.1 安全设施设备管理制度，至少应明确下列内容：

a） 制定依据；

b） 适用范围；

c） 实施主体及职责分工；

d） 安全设备配置的种类、数量及质量要求；

e） 专用停车场安全环境要求（包括周边警戒区划定、警示标志设置等）；

f） 日常运行管理要求；

g） 管理档案或台账的记录；

h） 需明确的其他内容；

i） 附则（包括制定与解释、实施时间等）。

5.6.2 车辆卫星定位监控系统，至少应包括下列内容：

a） 适用范围（包括企业监控平台专管人员、值班监控人员、调度员等）；

b） 管理主体及其职责分工；

c） 安装规范和管理要求；

d） 监控内容和程序；

e） 信息发送（内容包括道路交通事故通报、安全提示以及预警信息等）；

f） 监控记录及违规处理；

g） 需明确的其他内容；

h） 附则（包括制定与解释、实施时间等）。

5.7 应急救援预案管理制度

5.7.1 企业应急救援预案编制应符合 JT/T 911 的要求。

5.7.2 应急救援预案管理，至少应包括下列内容：

a） 评审、备案、负责人签署发布；

b） 宣传和教育；

c） 修订与更新。

5.8 安全生产会议制度

5.8.1 企业安全生产会议制度，至少应包括下列内容：

a） 适用范围；

b） 实施主体及职责分工；

c） 安全生产会议类别及内容；

d） 会议记录要求（包括会议召开通知、会议照片记录、参会人员签名、记录人、会议主要内容等）；

e） 其他需明确的内容；

f） 附则（包括制定与解释、实施时间等）。

5.8.2 企业安全生产会议应分为安全生产领导机构工作会议及安全生产工作例会。

a） 安全生产领导机构工作会议内容，至少应包括：

1） 企业在相应时间段内安全生产目标改进；

2） 安全生产岗位职责落实及安全管理重要人员变更；

3） 安全管理制度改进；

4） 安全生产情况分析；

5） 事故隐患整改情况；

6） 重要安全工作决策与部署等。

b） 安全生产工作例会内容，至少应包括：

1） 企业在相应时间段内的安全生产工作与目标的实施情况；

2） 安全管理制度符合度评价；

3） 安全生产工作分析；

4） 安全工作实施部署等。

5.9 安全生产考核与奖惩制度

企业安全生产考核与奖惩制度，至少应包括下列内容：

a) 制定依据；

b) 适用范围及对象；

c) 实施主体及其职责分工；

d) 安全生产考核的具体方法和内容；

e) 奖惩的类型；

f) 奖励和处罚的条件；

g) 奖惩档案或台账的记录要求(包括考核时间、考核对象、考核人员、考核标准及结果、奖惩措施等)；

h) 需明确的其他内容；

i) 附则(包括制定与解释、实施时间等)。

5.10 安全事故报告、统计与处理制度

5.10.1 安全事故报告、统计与处理制度，至少应包括下列内容：

a) 制定依据；

b) 适用范围；

c) 实施主体及其职责分工；

d) 安全事故分类和等级划分；

e) 事故报告的基本内容；

f) 事故报告对象；

g) 现场保护和救护的基本要求；

h) 管理档案或台账记录要求；

i) 需明确的其他内容；

j) 附则(包括制定与解释、实施时间等)。

5.10.2 安全事故报告的基本内容，至少应包括下列内容：

a) 事故发生单位概况；

b) 事故发生时间、地点及现场情况；

c) 事故简要经过；

d) 事故已造成或可能造成的伤亡人数(包括下落不明、涉险的人数)；

e) 已经采取的措施；

f) 其他应当报告的情况。

5.10.3 事故调查报告应包括下列内容，附有相关证据材料：

a） 事故发生经过和救援情况；

b） 事故造成的人员伤亡和直接经济损失；

c） 事故发生原因及性质认定；

d） 事故责任划分及责任者的处理建议；

e） 事故教训及防范措施。

5.10.4 依据责任划分标准，事故处理应包括下列内容：

a） 对责任主体实行责任追究及处理的程序和措施；

b） 对责任主体实行责任追究及处理的标准等。

5.10.5 事故统计分析，应明确统计和分析的内容、统计时限、统计分析结果等。

6 编制步骤

6.1 成立编制机构，落实编制任务，制定工作计划。

6.2 对本企业（单位）各所属安全管理状况和各岗位风险进行识别、评估、定位。

6.3 制定安全生产管理制度编写大纲，指导编制工作。

6.4 组织人员编制。

6.5 征求意见并修改完善。

6.6 单位主要负责人批准、发布，并按规定报有关部门备案。

7 格式和要求

7.1 格式

制度文本至少应包括以下章、条及内容：

a） 封面，主要包括：安全生产管理制度的标题、单位名称、编号、实施日期、签发人、公章（见附录B）；

b） 目录；

c） 安全生产管理制度内容；

d） 附件。

7.2 字号及装订要求

企业安全生产管理制度字号及装订基本要求：

a） 安全生产管理制度标题采用黑体3号字；

b） 正文中章、条的编号及标题采用黑体4号字；

c） 正文内容采用宋体4号字；

d） 企业安全生产管理制度文本应打印后装订成册。

附 录 A
（规范性附录）
危险货物道路运输企业安全生产操作规程

A.1 安全生产操作规程分类

危险货物道路运输企业，至少应具备以下安全生产操作规程：

a） 驾驶人员操作规程；

b） 押运人员操作规程；

c） 装卸管理人员操作规程。

A.2 驾驶人员安全生产操作规程

A.2.1 驾驶人员安全生产操作规程，应符合 JT 618 的规定，且包括出车前、运输中及运输过程结束后的操作要求。

A.2.2 出车前检查操作要求，至少应包括下列内容：

a） 必备的证件和文件；

b） 车辆技术状况；

c） 车辆标志标牌；

d） 安全设施设备及消防器材；

e） 劳动防护用品；

f） 货物捆扎及防散失装备。

A.2.3 运输中的操作要求，至少应包括下列内容：

a） 车辆行驶过程中要求，应包括遵守道路交通规则、按规定线路和限速行驶、车辆停放区域、中途住宿、严禁搭乘无关人员以及其他安全驾驶注意事项等；

b） 行车中安全检查操作要求，应包括运输车辆的车况及货物状况检查等；

c） 突发事件及事故报告操作要求，应包括突发事件处理、事故报告及现场保护与救援等，应与应急救援预案及事故报告统计处理制度要求衔接。

A.2.4 运输过程结束后操作要求，至少应包括下列内容：

a） 车辆收车后的技术检查；

b） 车辆清洗消毒；

c） 相关证件及文件交接；

d） 车辆及劳动防护用品交接；

e） 行车过程汇报等。

A.3 押运人员安全生产操作规程

A.3.1 押运人员安全生产操作规程，应符合 JT 618 的规定，且包括监督和检查装卸作业、出车前、运输中及运输过程结束后的操作要求。

A.3.2 监督和检查装卸作业过程，至少应包括下列内容：

a） 监督驾驶人员驶入或停放在装卸作业区的操作要求；

b） 监督装卸作业前的货物核对、相关文件审查及交接手续等；

c） 监督装卸、堆放作业按规定要求进行。

A.3.3 出车前检查操作要求，至少应包括下列内容：

a） 掌握本次运输任务要求；

b） 危险货物的性质和危害特性以及突发事件时的处置措施等知识；

c） 领取劳动防护用品；

d） 协助驾驶人员做好出车前的证件和文件、车辆技术状况、标志标牌、安全设施设备、货物捆扎及防散失装备等检查。

A.3.4 运输中的操作要求，至少应包括下列内容：

a） 监督驾驶人员的行车操作，应包括遵守道路交通规则、按规定线路和限速行驶、车辆停放区域、中途食宿、严禁搭乘无关人员及其他安全驾驶注意事项等监督和纠正；

b） 行车中监管操作要求，应包括货物监管、检查，协助驾驶人员做好车况检查等；

c） 突发事件及事故报告操作要求，应协助驾驶人员做好包括突发事件紧急处置、事故报告及现场保护与救援等。

A.3.5 运输过程结束后操作要求，至少应包括下列内容：

a） 运输作业过程相关情况的汇报；

b） 协助相关证件及文件、劳动防护用品的交接等。

A.4 装卸管理人员安全生产操作规程

A.4.1 装卸管理人员安全生产操作规程，应符合 JT 618 的规定，且包括装运前、装卸过程中及装卸后的操作要求。

A.4.2 装运前的操作要求，至少应包括下列内容：

a） 本次装卸任务及要求；

b） 掌握危险货物性质、危害特性以及应急处置措施等知识；

c） 运输相关证件及资料检查；

d） 装卸作业场所的安全检查；

e） 装卸机具设备的技术状况及其操作方法要求；

f） 车辆和罐体状况及匹配；

g） 标志标牌状况；

h） 安全设施设备；

i） 货物捆扎及防散失装备等检查。

A.4.3 装卸过程的操作要求，至少应包括下列内容：

a） 装载、堆放、配装、捆扎作业及安全防护应符合国家相关要求；

b） 突发事件处置及事故报告操作要求，应包括突发事件处置、事故报告及现场保护与救援等。

A.4.4 装卸后操作要求，至少应包括下列内容：

a） 作业现场处理；

b） 作业过程相关情况的汇报；

c） 相关证件及文件的交接；

d） 装卸机具清洗等。

附　录　B
（资料性附录）
危险货物道路运输企业安全生产管理制度编制格式

危险货物道路运输企业安全生产管理制度封面的格式示例参见图 B.1。

××××—××—××××

安全生产管理制度

编　　号：

实施日期：

签 发 人：　　　　　（签字）

（公章）

企业全称

图 B.1　安全生产管理制度封面格式示例

附录3　危险货物道路运输企业安全生产责任制编写要求(JT/T 913—2014)

1　范围

本标准规定了危险货物道路运输企业安全生产责任制的编制要求、编制内容及格式和要求等。

本标准适用于危险货物道路运输企业安全生产责任制的编写。使用自备车辆为本单位服务的非经营性危险货物道路运输单位的安全生产管理参照执行。

2　规范性引用文件

下列文件对于本文件的应用是必不可少的。凡是注日期的引用文件,仅注日期的版本适用于本文件。凡是不注日期的引用文件,其最新版本(包括所有修改单)适用于本文件。

GB 6944　危险货物分类和品名编号

JT 617　汽车运输危险货物规则

JT 618　汽车运输、装卸危险货物作业规程

3　术语和定义

下列术语和定义适用于本文件。

3.1

危险货物道路运输企业　dangerous goods road transportation enterprise

从事经营性危险货物道路运输的组织。

3.2

危险货物(也称危险物品或危险品)　dangerous goods

具有爆炸、易燃、毒害、感染、腐蚀、放射性等危险特性,在运输、储存、生产、经营、使用和处置中,容易造成人身伤亡、财产损毁或环境污染而需要特别防护的物质和物品。

[GB 6944—2012,定义3.1]

3.3

安全生产责任制　safety production responsibility system

危险货物道路运输的企业负责人及其他从业人员在安全生产方面应负的责任。

3.4

安全生产"一岗双责"　a pair of responsibility for safety production

每个工作岗位,应负责本岗位职责,还要对本岗位的安全生产工作负责。

3.5

安全生产费用　safety production costs

企业按照规定标准提取,专门用于完善和改进企业安全生产条件的资金。

3.6

安全生产管理机构　safety production management organization

危险货物道路运输企业专门负责安全生产监督管理的内设机构。

4　编制要求

4.1　应符合国家和行业有关安全生产法律、行政法规及技术标准的要求,遵循"安全第一、预防为主、综合治理"的方针要求。

4.2　安全生产责任制应结合企业实际,满足"安全生产'一岗双责'"的原则,分类和分级制定。

4.3　企业安全生产责任制应至少包括下列内容:

a)　安全生产目标;

b)　安全生产管理机构;

c)　安全生产岗位;

d)　安全生产责任考核;

e)　安全生产责任奖惩;

f)　附则。

5　编制内容

5.1　总则

安全生产责任制总则部分应至少包括以下内容:

a)　制定依据;

b） 适用范围；

c） 基本原则。

5.2 安全生产目标

5.2.1 目标设定

安全生产目标设定应至少包括以下内容：

a） 运输责任事故控制目标；

b） 运输安全管理工作目标。

5.2.2 目标分解

将安全生产目标和责任分解到企业有关安全生产管理机构和岗位。

5.2.3 目标执行

有关安全生产管理机构和岗位应按照目标分解，落实安全责任、投入和措施，实现企业安全生产目标。

5.2.4 目标监督检查

依据企业安全生产目标，对有关安全生产管理机构和岗位安全生产目标完成情况进行监督、检查的方法。

5.3 安全生产管理机构

5.3.1 安全生产管理机构设置

企业根据法律法规要求及安全生产管理需要，设置的安全生产管理机构，至少应包括安全生产决策机构和安全生产管理部门。

5.3.2 安全生产决策机构安全职责

安全生产决策机构安全职责应至少包括：

a） 负责领导本企业的安全生产工作；

b） 研究决策本企业安全生产的重大问题；

c） 贯彻执行国家和行业有关安全生产法律、法规、规章和标准的要求；

d） 研究、审议和批准安全生产规划、目标、管理体系、安全管理机构设置、安全投入、安全评价等安全管理的重大事项。

5.3.3 安全生产管理部门安全职责

安全生产管理部门的职责应至少包括：

a） 贯彻落实安全生产决策机构有关安全生产决定和管理措施；

b） 组织制定（修订）和执行安全生产管理制度、操作规程、安全生产工作计划、安全生产费用预算、应急预案等；

c） 组织召开安全会议，开展安全生产活动，提出安全生产管理建议；

d） 负责安全生产工作的监督、检查、考核、通报；

e） 负责安全设施、设备、防护用品管理与发放；

f） 负责车辆维护、保养和维修；

g） 危险货物受理、审核及相应营运手续办理；

h） 制定运输组织方案及车辆人员调度；

i） 专职安全管理人员、从业人员的审核、聘用、奖惩、解聘、劳动安全、职业健康等；

j） 负责运输事故现场协调、配合、调查与报告；

k） 安全生产管理档案建立、信息统计等。

5.3.4 其他职能部门职责

规定在其职能范围内应负的安全生产工作责任。

5.4 安全生产岗位

5.4.1 安全生产岗位人员

安全生产岗位的人员一般包括主要负责人、分管安全的企业负责人、安全管理部门负责人、专职安全管理人员、驾驶人员、押运人员、装卸管理人员及其他岗位人员。

5.4.2 主要负责人安全职责

企业主要负责人是企业安全生产工作第一责任人，安全职责应至少包括：

a） 贯彻执行国家安全生产的法律、法规、规章、技术标准、政策规定等；

b） 建立、健全本单位安全生产责任制；

c） 组织制定本单位安全生产规章制度和操作规程；

d） 保证本单位安全生产投入的有效实施；

e） 督促、检查本单位的安全生产工作，及时消除生产安全事故隐患；

f） 组织制定并实施本单位的生产安全事故应急救援预案；

g） 及时、如实报告生产安全事故。

5.4.3 分管安全的企业负责人安全职责

分管安全的企业负责人，安全生产职责应至少包括：

a） 组织、协调企业各职能部门的安全生产管理工作，改善安全生产条件；

b） 组织制定企业各项安全生产规章制度、操作规程及应急预案；

c） 负责企业运输事故应急处置、调查及处理建议。

5.4.4 安全管理部门负责人安全职责

安全管理部门负责人安全生产职责应至少包括：

a） 贯彻落实企业有关安全生产决定和管理措施；

b） 制定和执行安全生产管理规章制度、操作规程、应急预案、安全生产工作计划、安全生产费用预算；

c） 开展安全生产工作监督、检查、考核、隐患排查和整改的落实、安全文化建设和事故应急救援演练等；

d） 组织召开安全工作例会，提出安全生产管理建议；

e） 对运输事故现场协调处置、调查、报告及提出处理建议；

f） 安全生产统计与安全生产管理档案建立。

5.4.5 专职安全管理人员安全职责

专职安全管理人员安全生产职责应至少包括：

a） 协助制定、执行企业安全生产管理规章制度、操作规程、应急预案、安全生产工作计划、安全措施等，监督、检查执行情况，提出改进建议；

b） 组织安全学习、从业人员安全教育培训、应急演练等安全生产活动；

c） 做好安全检查和隐患排查及督促整改；

d） 新聘从业人员的教育培训、考核；

e） 车辆和安全设施及设备、劳动防护用品等管理、发放、使用和保养，以及单位相关证照和保险办理；

f） 事故现场组织施救，协助事故调查、处理，负责事故原因分析与保险理赔；

g） 实施车辆动态监控以及安全统计和安全管理档案建立。

5.4.6 驾驶人员安全职责

驾驶人员安全生产职责应至少包括：

a） 执行企业有关运输的各项规章制度、操作规程及应急预案，按照有关运输规定行车和停车；

b） 负责车辆（罐体）日常检查和维护；

c） 随车携带相关有效证件及文书，保证车辆安全防护设施、设备和防护用品等器材良好有效；

d） 参加安全学习、教育培训等活动，按照 JT 617 和 JT 618 要求，掌握安全技术知识、技能与应急处理办法；

e） 对运输事故及时报告和应急处置。

5.4.7 押运人员安全职责

押运人员安全生产职责应至少包括：

a） 执行企业有关危险物运输押运的各项规章制度、操作规程和应急预案；

b） 会同驾驶人员做好车辆（罐体）安全检查，保障相关证件、文书，车辆安全防护设施、设备及消防、防护用品，货物捆扎等齐全有效；

c） 监督、提醒驾驶人员按照有关运输规定行车和停车，做好客户及货物核实，检查货物配装和堆码，行车途中应监视货物状态是否安全；

d） 对运输事故及时报告和应急处置，且维护好现场；

e） 应参加安全学习和教育培训等活动，按照 JT 617 和 JT 618 要求，掌握安全技术知识与应急处理办法。

5.4.8 装卸管理人员安全职责

装卸管理人员安全生产职责应至少包括：

a） 执行企业有关危险物运输装卸的各项规章制度、操作规程和应急预案；

b） 检查运输车辆的资质、设备状况和安全措施、装卸作业区安全、车辆（罐体）、安全设备、装卸机具技术性能、货物、人员、证件、手续及作业人员劳动防护用品穿戴是否符合要求；

c） 监视装卸过程和装卸作业应符合 JT 618 规定。

5.4.9 其他岗位人员安全职责

其他岗位人员应负责其职责范围内的安全生产工作。

5.5 安全生产责任考核

企业应建立安全生产目标与责任制相结合的考核制度，制定量化的控制指标体系和考核规定。

5.6 安全生产责任奖惩

企业应实行安全生产目标与责任制相结合的奖惩制度。

5.7 附则

附则部分应至少包括下列内容：

a） 解释权归属；

b） 实施日期；

c） 其他。

6 格式和要求

6.1 格式

6.1.1 制度文本应至少包括以下内容：

a） 封面,主要包括标题、单位名称、编号、实施日期、签发人、公章;

b） 目录;

c） 安全生产责任制内容;

d） 附件,主要包括企业安全生产责任制编制过程中所涉及的依据或说明。

6.1.2 安全生产责任制文本格式及示例参见附录 A。

6.2 字号及装订要求

企业安全生产管理责任制字号及装订基本要求:

a） 安全生产责任制封面标题采用黑体 3 号字;

b） 正文中章、条的编号及标题采用黑体 4 号字;

c） 正文内容采用宋体 4 号字;

d） 企业安全生产责任制文本应打印后装订成册。

附　录　A
（资料性附录）
危险货物道路运输企业安全生产责任制编制格式

危险货物道路运输企业安全生产责任制封面、目录、正文首页和附件的格式示例分别参见图 A.1 ~ 图 A.4。

××××—××—××××

安全生产责任制

编　　号：

实施日期：

签 发 人：　　　　　（签字）

（公章）

企业全称

图 A.1　安全生产责任制封面格式示例

目　录

图 A.2　安全生产责任制目录格式示例

安全生产责任制

1　总则

1.1　制定依据

图 A.3　安全生产责任制正文首页格式示例

附件×

附件标题

××。

图 A.4　安全生产责任制附件格式示例

附录4　危险货物道路运输企业安全生产档案管理技术要求(JT/T 914—2014)

1　范围

本标准规定了危险货物道路运输企业安全生产档案管理要求、档案分类、归档范围、立卷归档、电子档案。

本标准适用于危险货物道路运输企业安全生产档案管理编制。

2　规范性引用文件

下列文件对于本文件的应用是必不可少的。凡是注日期的引用文件,仅注日期的版本适用于本文件。凡是不注日期的引用文件,其最新版本(包括所有修改单)适用于本文件。

GB 13392　道路运输危险货物车辆标志
GB 18565　营运车辆综合性能要求和检验办法
JT/T 198　营运车辆技术等级划分和评定要求
JT 618　汽车运输、装卸危险货物作业规程
JT 719　营运货车燃料消耗量限值及测量方法
JT/T 794　道路运输车辆卫星定位系统车载终端技术要求

3　术语和定义

下列术语和定义适用于本文件。

3.1

危险货物道路运输车辆　dangerous goods road transport vehicle

满足特定技术条件和要求,从事危险货物道路运输的载货汽车。

3.2

危险货物道路运输　dangerous goods road transport

使用载货汽车通过道路运输危险货物的作业全过程。

3.3

危险货物道路运输从业人员　dangerous goods road transport practitioner

经设区的市级人民政府交通运输主管部门考试合格，取得相应从业资格证，从事危险货物道路运输的驾驶人员、押运人员和装卸管理人员。

3.4

专职安全管理人员　full-time safety management personnel

符合行业管理要求，经考试合格取得安全管理人员资格证，专门从事危险货物道路运输企业安全生产管理的人员。

4　档案管理编制要求

4.1　应依据国家法律、法规、标准对危险货物道路运输管理要求编制安全生产管理档案，内容包括企业安全生产全过程所形成的管理材料。

4.2　归档材料分类管理。

4.3　动态材料及时更新。安全生产过程中形成的动态材料，即：审验、检测、各种记录等，每次完成作业后应归档并整理，保持档案材料之间的有机联系。

5　档案分类

5.1　根据类型、功能和档案形成的特点，危险货物道路运输企业档案共分为：企业资质类、人员类、危险货物道路运输车辆类和监督检查类。根据实际需要下设一级类目和二级类目。

5.2　企业资质档案编号为A，一级类目分：企业基本信息、停车场地及设备信息、安全生产管理制度。

5.3　人员档案编号为B，一级类目分：企业管理人员、专职安全管理人员、驾驶人员、押运人员、装卸管理人员，二级类目为人员姓名。

5.4　危险货物道路运输车辆档案编号为C，一级类目分别为各危险货物道路运输车辆。

5.5　监督检查档案编号为D，一级类目分别为各类记录。

6　归档范围

6.1　企业资质档案(A)

6.1.1　企业基本信息(档案编号：A1)，应至少包括：

a)　企业概况：企业名称、地址、法定代表人、企业负责人、联系电话、投资总额、注册资本、经营范围、车辆规模、停车场地位置及面积、专职安全管理人员及从业人员数量等基本信息；

b）《道路运输经营许可证》或《道路运输危险货物许可证》；

c）《企业法人营业执照》；

d）安全评估相关材料；

e）许可相关材料（原始材料）。

6.1.2 停车场地及设备（当期材料）（档案编号：A2）应至少包括以下内容：

a）自有或租借三年以上，与经营范围、规模相适应的停车场地证明材料；

b）配备其他安全防护和消防设施设备清单；

c）运输生产设备（包括装卸设备）清单。

6.1.3 安全生产管理制度（档案编号：A3），应至少包括：

a）企业主要负责人、安全管理部门负责人、专职安全管理人员安全生产责任制度；

b）从业人员安全生产责任制度；

c）安全生产监督检查制度；

d）安全生产教育培训制度；

e）从业人员、危险货物道路运输车辆、设备及停车场地安全管理制度；

f）应急救援预案制度；

g）安全生产作业规程；

h）安全生产考核与奖惩制度；

i）安全事故报告、统计与处理制度。

6.2 人员档案（B）

6.2.1 危险货物道路运输企业管理人员（档案编号：B1），应至少包括：法定代表人、主要负责人和分管安全的负责人姓名、性别、出生年月日、学历、职务/职称、简历等基本信息。

6.2.2 专职安全管理人员（档案编号：B2），应至少包括：专职安全管理人员的姓名、性别、出生年月日、学历、职务/职称、简历等基本信息及资格证复印件。

6.2.3 危险货物道路运输从业人员，即：驾驶人员（档案编号：B3）、押运人员（档案编号：B4）、装卸管理人员（档案编号：B5）应至少包括下列内容：

a）劳动关系合同；

b）姓名、性别、出生年月日、学历、岗位、简历等基本信息；

c）身份证、机动车驾驶证、从业资格证复印件；

d） 从业情况记录（包括诚信考核记录，违法、违章、事故记录）。

6.3 危险货物道路运输车辆档案（C）

危险货物道路运输的车辆，应至少包括下列内容：

a） 机动车行驶证复印件；

b） 车辆技术参数档案；

c） 符合 JT 719 规定要求的燃料消耗量证明材料；

d） 有效的通信工具配备情况；

e） 具有行驶记录功能的卫星定位装置的配备情况；

f） 必备的应急处理器材、安全防护设施设备清单；

g） 符合 GB 13392 要求，悬挂危险货物道路运输车辆标志和标识的照片；

h） 车辆变更记录；

i） 道路运输证复印件；

j） 符合 GB 18565 和 JT/T 198 规定的一级技术等级的有效证明；

k） 危险货物道路运输罐式车辆的罐体，经质量技术监督部门检验合格证明；

l） 二级维护和检测报告复印件；

m） 符合规定要求投保承运人责任险保险单；

n） 每年审验记录相关材料；

o） 车辆行驶里程记录；

p） 车辆维修记录；

q） 交通事故记录；

r） 异地经营的，在经营地设区的市级道路运输管理机构备案的材料。

6.4 监督检查档案（D）

危险货物运输监督检查，应至少包括下列内容：

a） 企业安全生产监督检查记录（档案编号：D1）；

b） 安全生产会议记录（档案编号：D2）；

c） 危险货物道路运输车辆监控数据记录（档案编号：D3）；

d） 危险货物道路运输车辆出车安全例检记录（档案编号：D4）；

e） 危险货物道路运输罐式车辆罐体检查记录（档案编号：D5）；

f） 危险货物道路运输车辆行驶日志（档案编号：D6）；

g） 企业安全学习及培训教育记录（档案编号：D7）；

h） 驾驶人员违法驾驶及处理情况记录（档案编号：D8）；

i） 应急预案演练记录（档案编号：D9）；

j） 事故报告、应急处置、调查、处理记录（档案编号：D10）。

7 立卷归档

7.1 归档

7.1.1 归档的材料应齐全、准确、完整和系统。

7.1.2 归档的材料纸张大小用A4纸，并应根据档案分类整理案卷。

7.1.3 档案案卷应按照第5章的分类分别立卷，各类档案的编号方式按附录A。

7.1.4 安全生产过程中的录音、录像、照片、计算机软盘（磁盘）和其他非纸质载体形式的档案，不单独设置类目，应视其内容特征同纸质载体档案对应分类编号。

7.2 保管

7.2.1 档案应分类存放，有序排列。各类归档材料按档案范围中英文字母的先后顺序存放。

7.2.2 企业、车辆、人员证件及记录有效期发生变化，设备更换等有时效性的信息应及时更新。

7.2.3 危险货物道路运输车辆监控数据记录（D3）保存期限3个月；危险货物道路运输罐式车辆罐体检查记录（D5）保存期限2年；企业安全生产监督检查记录（D1）、驾驶人员违法驾驶及处理情况记录（D8）保存期限3年。

7.2.4 企业应对保管期限已满的档案进行审核，对确无保存价值的档案登记造册，经企业法定代表人批准后进行监销。

8 电子档案

8.1 企业可建立使用电子档案，实施档案规范化管理。

8.2 电子档案应有严格的管理制度和技术措施。

8.3 纸质文件转换电子档案，纸质档案应当保留，两者之间应建立相互准确、可靠的标识关系。

附 录 A
（规范性附录）
档案编号规则

A.1 企业资质类档案编号规则

企业资质类档案编号由六位字母和阿拉伯数字混合码及连接符组成，见图 A.1。

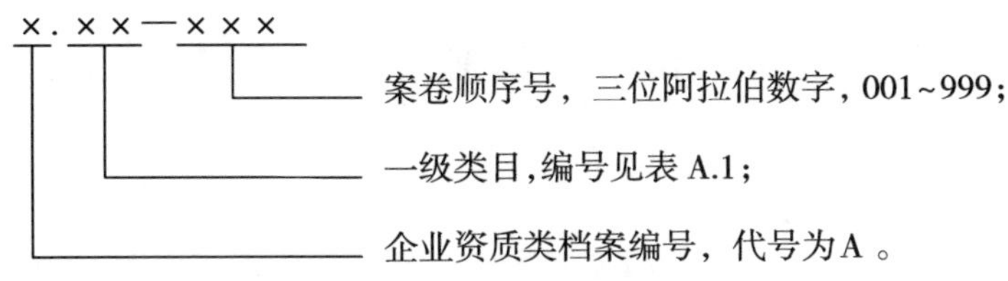

图 A.1 企业资质类档案编号

表 A.1 企业资质类一级类目编号

编号	名 称	编号	名 称
A1	企业基本信息	A3	安全生产管理制度
A2	停车场地及设备信息		

A.2 人员类档案编号规则

人员类档案编号由 11 位字母和阿拉伯数字混合码及连接符组成，见图 A.2。

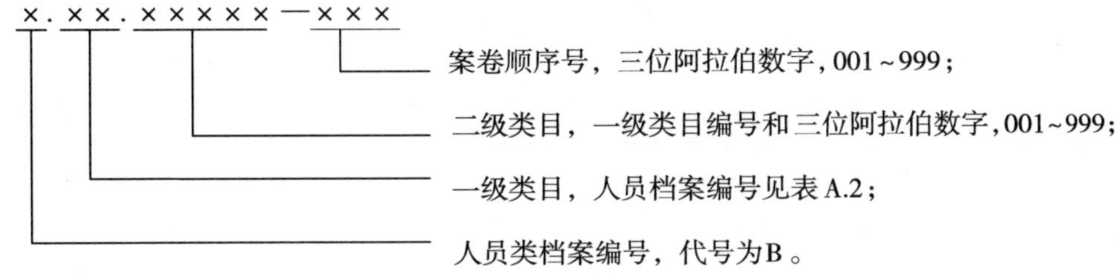

图 A.2 人员类档案编号

表 A.2 人员类一级类目编号

编号	名 称	编号	名 称
B1	企业管理人员	B4	押运人员
B2	专职安全管理人员	B5	装卸管理人员
B3	驾驶人员		

A.3 车辆类档案编号规则

车辆类档案编号由九位字母和阿拉伯数字混合码及连接符组成，见图A.3。

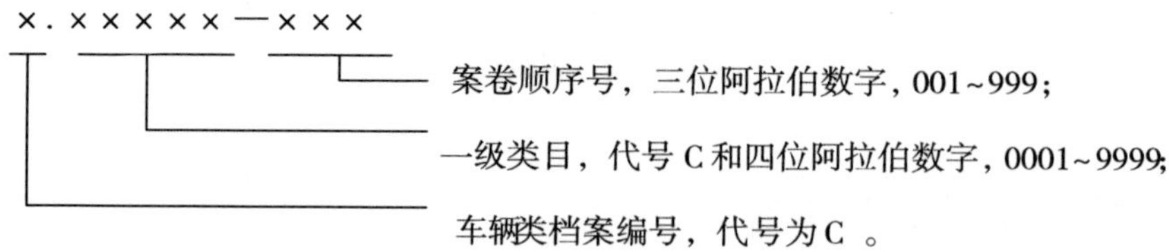

图A.3 车辆类档案编号

A.4 监督检查类档案编号规则

监督检查类档案编号由六位字母和阿拉伯数字混合码及连接符组成，见图A.4。

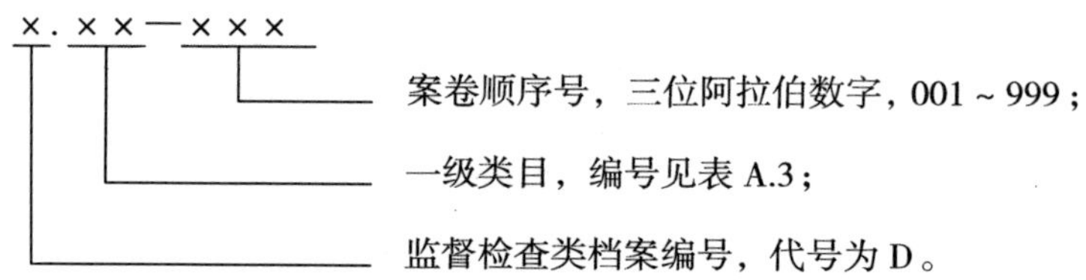

图A.4 监督检查类档案编号

表A.3 监督检查类一级类目编号

编号	名　称	编号	名　称
D1	企业安全生产监督检查记录	D6	危险货物道路运输车辆行驶日志
D2	安全生产会议记录	D7	企业安全学习及培训教育记录
D3	危险货物道路运输车辆监控数据记录	D8	驾驶人员违法驾驶及处理情况记录
D4	危险货物道路运输车辆出车安全例检记录	D9	应急预案演练记录
D5	危险货物道路运输罐式车辆罐体检查记录	D10	事故报告、应急处置、调查、处理记录